魏玛宪法

张君劢 译

商务印书馆
The Commercial Press
创于1897

目　　录

德意志国宪法[*]

目　次

第一部　宗国之构造及职掌

---

　　[*]　选自张君劢:《新德国社会民主政象记》,商务印书馆 1922 年版,第 120—165 页。条标为译者张君劢先生所拟。

第七章　司法

第二部　德意志人之根本权利与根本义务

第一章　个人

第二章　团体生活

---

① 即法庭,旧译。

暂行条例及附则

德意志国宪法（一九一九年八月十一日公布）

德意志国民，源本一宗。志在更新，并巩固其宗国于自由公道之境，维持对内对外之平和，促进社会之进步，兹制定此宪法。

第一部　宗国之构造及职掌

第一章　宗国及各州

第一条　德意志宗国为共和国。

国权源于国民。

第二条　宗国以各州之领土为领土。

其他领土，由本地人民本于自决权自行要求时，以宗国法律取得之。

第三条　宗国国旗为黑红金三色，商旗为黑白红三色，右方上角附以国旗。

第四条　凡公认之国际法条规，认为德意志宗国法律之有拘束力之部分。

第五条　国权，关于宗国事项，由宗国之机关，根据宗国宪法行使之。关于各州事项，由各州之机关，根据各州宪法行使之。

第六条　以下各项属诸宗国独有之立法：

甲、对外关系；

乙、殖民地；

丙、国籍，自由迁徙，出入境，递解；

丁、国防制度；

戊、币制；

己、关税、关税区商业区统一问题、货物自由通过问题；

庚、邮政电报电话。

第七条　以下各项属诸宗国立法：

一、民法；

二、刑法；

三、法廷规则，刑事执行，官厅互助；

四、护照及外人警察；

五、救贫制度，游民管理法；

六、报纸、结社、集会条例；

七、人口政策，产妇、婴孩、孩童及青年保护法；

八、卫生法，兽医法及植物受病之保护规则；

九、劳动法，保险，劳动者及受佣者之保护；劳动供求所法；

十、宗国境内职业代表机关之设立；

十一、战事军人及遗族之保护；

十二、公用征收法；

十三、天然富力及生计的企业之收归社会所有。关于公共生计上生计的财物之生产、制造、分配以及定价；

十四、商业，度量权衡，纸币发行，银行及交易所制度；

十五、饮食品，享乐品及日用需要品之买卖；

十六、工业，矿业；

十七、保险制度；

十八、航船，公海及沿海渔业；

十九、铁道，内河航船，水陆空中之自动机交通，公共交通上及国防上道路之建造；

二十、戏馆及电影。

第八条　租税及其他收入之一部或全部,归宗国收用者。此等租税及收入之立法属诸宗国。向属诸各州之租税及其他收入归宗国收用时,宗国对于各州生存能力之保存应加注意。

第九条　以下两项如有应颁行统一规定之需要时,其立法属诸宗国。

一、幸福之奖进;

二、秩序及公安之保持。

第十条　以下各项得由宗国立法规定其大原则。

一、宗教团体之权利与义务;

二、学校制度(高等学校亦在其内)及学术上之出版法;

三、一切公共团体之官吏法规;

四、土地法,土地分配、移民、家宅、土地所有权之拘束力,家屋建筑及人口分配;

五、埋葬法。

第十一条　宗国对于各州所征租税之可否及种类。如需要时,得经由立法方法规定其大原则。以除以下五弊,并图社会利益之发达。

一、宗国收入及商业关系之损害;

二、课税重复;

三、关于交通大道及公共机关之享用上过度规费之征收;

四、各州间或同州各部分间外来货物与本地货物相形之下之租税的妨害;

五、输出奖励金。

第十二条　关于宗国立法权,当宗国尚未行使此权时,各州得保留为己有，惟关于宗国独有之立法，此原则不适用之；

各州法律关于第七条第十三项者，如涉及宗国全国公安时，宗国有诘难之权利。

第十三条　宗国法律废止各州法律。

关于各州法与宗国法是否相容发生疑义及意见争执时，其该管之宗国中央官厅，与各州中央官厅，得根据宗国法律之规定，请求宗国最高法廷判决。

第十四条　宗国法律，除有别种规定外，由各州官厅执行之。

第十五条　一切事务，属诸宗国立法权者，由宗国政府行使监督权。

宗国法律由各州官厅施行时，宗国政府得颁一般的训令。

宗国政府得派遣委员至各州中央官厅，以监察宗国法律之施行，并经各州中央官厅之同意，得派遣委员至下级官厅。

各州政府经宗国政府之要求，对于施行宗国法律上所发见之缺憾，应除去之。

如双方意见各异时，除宗国法律别有规定外，得请求国务法廷之判决。

第十六条　各州内执行宗国直接行政之文官，应以任用本州人民为原则。

宗国行政上官吏受佣者及劳动者得随各人所愿，留在本地办事，但以可行范围，并与此等人员之教育及职务上所需条件，不相冲突时为限。

第十七条　各州应制定自由邦的性质之宪法，各州人民代表，应遵比例选举法之原则，以一般、平等、直接、秘密投票之法选举之。德意志人民，无男女之别，同有选举权。各州政府须得人民代表机关之信用。人民代表机关之选举法大原则，于地方团体之选举适用之。但地方团体选举权之取得，各州法律，得限以住居本地满一年为条件。

第十八条　宗国划分为各州，应注重各地人民之意志，以发展其生计上文化上能事为目的。各州区域之变更与宗国内新州之建立，以变更宪法之宗国法律行之。

直接关系之州自表同意时，可仅以单纯之宗国法律行之。

直接关系之州不表同意，其地人民表示意思要求区域变更或新州建立，并宗国重要利益上亦以此举为然者，亦可仅以单纯之宗国法律行之。

该地人民之意思，以投票决定之。投票由分离地上有宗国议会选举权之居民三分之一要求时，由宗国政府发令执行。

领土变更或新州建立之决定，以所投票五分之三，或有选举权者之过半数定之。若此项区域分离，限于普鲁士政府区（地方阶级之名）之一部，巴扬小区之一部，其他各州行政区之一部时，其地方人民意思，应以全区内人民之意思为标准。如分离区域与全区无地理上之联接者，经宗国法律之规定，得仅以分离地人民之意思表示为已足。

该地人民既表同意后，宗国政府应提出法律于宗国议会，以求表决。

因区域分合而生财产划分之争议时，经一造之请求，由国务法廷代宗国解决之。

第十九条　各州内之宪法争议，无州内法廷可以解决者，州与州、州与宗国之非私法的争议,经争执一造之请求,由国务法廷代宗国解决之。但别有他种法廷管辖此项争议者,不在此限。

国务法廷之判决,由宗国总统执行之。

第二章　宗国议会

第二十条　宗国议会以德意志人民所选之议员组织之。

第二十一条　议员为人民全体之代表。各以良心所信为标准,不受地方人民委托之拘束。

第二十二条　议员以一般、平等、直接、秘密投票(秘密即无记名之意)遵比例选举之大原则,由年满二十岁之男女选举之。选举应择星期日或其他公共休息日行之。详细以宗国法律定之。

第二十三条　宗国议会以四年为任期。四年期满后,限六十日内应行新选举。

宗国议会应在选举后三十日内举行开会。

第二十四条　宗国议会在政府所在地以每年十一月之第一星期三日,为开会之日。但议会议长或议员三分之一要求开会时,由议长提前召集。

议会闭会及重行开会日期由议会定之。

第二十五条　宗国总统得解散议会。但关于同一问题,只能解散一次。

新选举应于解散后六十日内行之。

第二十六条　宗国议会,选举议长、副议长及书记长。议事细则由议会定之。

第二十七条　会期终了与任期满时之闭会期内,议会事务,由前届会期之议长及副议长继续行之。

第二十八条　议会会所权与警察权，由议长行之。院内行政亦属诸议长，预算表上议会收入支出，由议长掌管。如有法律行为、法律争议时，由议长代表国家。

第二十九条　宗国议会之议事公开之。经议员五十人之动议，议员三分之二多数决议时，得开秘密会。

第三十条　宗国议会，各州议会，或两项议会委员会内之公开议事之正确报告，免除一切责任问题。

第三十一条　宗国议会内设选举审查法廷。议员资格丧失与否问题亦由该法廷判决之。

选举审查法廷，以议会议员及宗国行政法廷人员组织之。议会议员由议会选举，以议会之任期为任期。行政法廷人员，由该廷长推举之，由宗国总统任命之。

选举审查法廷之审问，由议员三人，行政法廷人员二人，以公开口头之答辩行之。

除选举审查法廷之审问外，其他事宜，由总统所任命之宗国特派员管理之。详细规则，由该法廷规定之。

第三十二条　宗国议会之决议，除宪法上有别种规定外，以单纯之多数定之。关于议会内执行之选举，应否有例外规定，由议事细则规定之。

开议方法由议事细则定之。

第三十三条　议会及议会内之委员会，得要求首相及各国务员出席。

首相各国务员，及其所派政府委员，得列席于议会及委员会之议事。各州对于此等议事,有派遣全权委员之权利。由此项委员对于所议事项,陈述其政府之意见。

各州政府代表当会场讨论时,得要求发表意见。宗国政府代表,即非议事日程所定,亦得要求发表意见。此项政府代表,应守议长所定次序。

第三十四条　议会有设置调查委员会之权利。如经五分之一之议员动议时,并有设置此项委员会之义务,此项委员会,应将该会或其动议者所认为应需之证据,在公开的审问中搜求之。此项审问公开,由委员会内三分之二之多数决议时,得废止之。

委员会之办事次序与夫委员人数,由办事细则定之。

此项委员会,向法廷及行政官厅要求证据搜查时,法廷及行政官厅有服从之义务。官厅文牍由委员会要求时应提出之。

委员会及受请求之官厅,关于证据搜查,应将刑事诉讼法之规定,酌量适用。惟书信、邮政、电报、电话之秘密,不得触犯之。

第三十五条　议会得设置常任外交委员会。此外交委员会,在会期终了时,议会期满而新议会尚未召集时,或议会解散,而新议会尚未召集时,得照常执行其职务。此委员会之议事,不得公开,但会内委员三分之二决议公开时,不在此限。

议会为保护人民代表机关。对于政府之权利,在闭会期内以及任期满后之期内,设置常任委员。

以上两项委员会之权利,与调查委员会等。

第三十六条　宗国议会议员以及各州议会议员,无论何时不得因投票、因执行职务上所发表之言论,受法廷上或服务规则上之审究,并在会场外不负何等责任。

第三十七条　宗国议会议员以及各州议会议员,在开会期内,非先得该议员所属议会之许可,不得以犯刑法所规定之行为,而受审问或拘捕。惟以现行犯,或犯事之次日拿获者,不在此限。

其他人身自由之限制之影响于议员职务之执行者,亦以得议会之同意为条件。

对于宗国议会议员或各州议会议员之刑事诉讼、拘捕或其他人身自由之限制,经其所属议会要求时,限于会期以内停止之。

第三十八条　宗国议会及各州议会议员,他人以其具有议员资格,以事相告,或彼等以行使其议员职权之故,以事告人,关于其人其事均有拒绝作证之权利。关于文件没收问题,议员地位与有法律上拒绝作证之权利之人等。

宗国及各州议会会所内搜查或没收,非得议长之许可,不得行之。

第三十九条　文官及军籍人员行使其宗国或各州议会议员之职权时,不须请假。

在竞争当选之日,则应予以选举上应需之假期。

第四十条　宗国议会议员,有宗国铁道免费旅行之权利,并有按宗国法律受岁费之权利。

第三章　宗国总统及宗国政府

第四十一条　宗国总统由全体德意志国民选举之。

凡属德意志人年满三十五岁者,均得被举。

详细以宗国法律定之。

第四十二条　宗国总统就职时,向宗国议会宣誓如下:

余以全力自效于德国国民之安泰，发达其福利，免除其危害，遵守宪法与法律，本其良心之所安，一以公道待人，此誓。

此外附以宗教宣誓，亦得行之。

第四十三条　总统任期七年，并得再选。

总统在任期未满时，由宗国议会之动议，国民投票之决定，得令退职。

宗国议会之决议，须得三分之二多数，自决议后，总统停止行使其职务。

如国民投票拒绝此项退职之议，则总统地位，与新当选等，而宗国议会应即解散。

宗国总统，非得宗国议会之同意，不受刑法上之追究。

第四十四条　宗国总统，不得兼任宗国议会议员。

第四十五条　宗国总统，在国际法上代表德意志宗国，以宗国之名义与外国缔结联盟及其他条约，并任命接受公使。

宣战媾和以宗国法律行之。

与外国所缔联盟或条约有关涉宗国立法事项者，应得宗国议会之同意。

第四十六条　宗国总统得任免文武官吏。除法律有别种规定者外，不在此例。总统得将任免之权，交与他机关行使之。

第四十七条　宗国总统统帅全国海陆军。

第四十八条　各州中对于宗国宪法或法律，加于各州之义务，有不履行者，宗国总统得借兵力之助以制裁之。

宗国内公安秩序大受动摇或危害时，宗国总统得采取应需之处置方法，以恢复公安及秩序，并当必要时得借助兵力。

为达前项目的起见,得将第百十四条、第百十五条、第百十七条、第百十八条、第百二十三条、第百二十四条、第百五十三条所规定之原则之一部或全部暂时停止其效力。

关于本条中第一第二两项所采处置方法,宗国总统应从速通知宗国议会。此项处置方法,经宗国议会要求时,应即停止其效力。

各州政府为预防将生之危险计,得在其疆域内,采取第二项所规定之暂时处置方法。

此项处置方法,经宗国总统或宗国议会要求时,应即停止其效力。

详细以宗国法律定之。

第四十九条　宗国总统代宗国行使减刑之权利。

大赦以宗国法律行之。

第五十条　宗国总统之命令或处分,以及关于军事范围之命令及处分,为发生效力计,须经首相或该管国务员之副署。责任由副署发生。

第五十一条　宗国总统不能行使职务时,由首相代理。如不能行使职务之时日较长,则代理问题,以宗国法律规定之。

因总统未届任满先行去职,而新选举尚未成立之日,适用前条之规定。

第五十二条　宗国政府以宗国首相及国务员组织之。

第五十三条　宗国首相及由首相所推荐之国务员,由总统任免之。

第五十四条　宗国首相及国务员之行使职务,以得宗国议会之信任为前提。

宗国议会明白表决不信任时,无论首相及国务员,应即辞职。

第五十五条 宗国首相为政府之领袖,按照政府全体所议决,与宗国总统所核准之治事方针,指挥一切事务。

第五十六条 宗国首相定政治大方针,对议会而负责任。

在此大方针范围内,各国务员各自指挥其关系之部之事务,对议会而负自身之责任。

第五十七条 各国务员关于法律草案或事件,为宪法或法律上所规定,应提交国务会议者,并一切问题关涉各部事务范围之故,而生意见异同者,应提出会议决定之。

第五十八条 政府之决议以票数多少定之,票数相同,取决于主席。

第五十九条 宗国议会,有提出控告于国务法廷之权利,告宗国总统、首相、国务员、因过失违犯宗国宪法或法律。

控告提起之动议,至少须得议员百人之署名,并具备变更宪法时所需之多数之同意。

关于国务法廷之详细,以宗国法律定之。

第四章 宗国参议院

第六十条 设宗国参议院,使各州得与闻宗国之立法及行政。

第六十一条 各州至少应得一投票权,其在大州,每人口百万,增加一票;超过百万之数,与最小州之人口数相等时,亦以百万计算。无论何州之代表,不得超全体票数五分之二以上。

德种奥大利,与德意志宗国合并时,得列席宗国参议院,并得比例于人口数之投票权。在未合并前,有出席讨论之权。

各州投票权数,由参议院在每次户口调查后重定之。

第六十二条　参议院所设各项委员会内,各州只有一投票权。

第六十三条　各州在参议院内,以其政府中人员代表之。但普鲁士票数之一半,依其州法之规定,得由各省行政机关派遣代表。

各州所派参议院中代表人数,以其所得票数定之。

第六十四条　参议院经其议员三分之一要求时,宗国政府应召集之。

第六十五条　宗国参议院及各项委员会,以宗国政府人员为会长及委员长。宗国政府人员,有参与参议院及其委员会议事之权利,并自行要求时,尤有参与此项议事之义务。当开议之日,政府人员,得随时要求出席,发表意见。

第六十六条　宗国政府及参议院议员,均有在院中提出动议之权利。

参议院之议事以议事细则规定之。

参议院之大会公开之,但对于特别讨论问题,按议事细则之规定,得开秘密会议。

投票取决时,以单纯之多数定之。

第六十七条　对于宗国参议院,各国务员应时时以所执行政务报告之。关于重要问题之讨论,由各国务员请求各委员会出席与议。

第五章　宗国立法

第六十八条　宗国法律案,由宗国政府或议会议员提出之。

宗国法律由宗国议会议决之。

第六十九条　宗国政府法律案之提交，应得参议院之同意。

宗国政府与参议院双方不同意时，政府仍得将此法律案提交。惟须将参议院所以不同意之故，同时声明。

参议院所议决之法律案，如宗国政府不同意时，得将此项议案，附以理由，提交宗国议会。

第七十条　宗国总统，应将按照宪法成立之法律缮就，并在一月以内，在宗国法律公报中公布之。

第七十一条　法律除有别种规定外，自首都法律公报公布之日经过十四日发生效力。

第七十二条　如宗国议会议员三分之一要求将法律公布展限时，得展限二月。宗国议会及参议院宣告为紧要之法律，即有此类要求，总统亦得公布之。

第七十三条　宗国议会议决之法律，如总统在一月以内决定提交国民公决时，得在公布之前，提交国民公决。

法律之由议会议员三分之一要求展限公布者，如选举民二十分之一提议，提交国民公决时，此项法律应即提交国民公决。

选举民十分之一要求提出某项法律草案者，亦以国民公决之。此类国民要求，应备有拟就之法律案，政府将此项法律草案，附以政府之意见提交宗国议会。此国民所要求之法律草案，经议会将原案通过时，则国民公决可不须举行。

关于预算、租税法、俸给章程、应否交国民公决，独由总统决定。

关于国民公决，国民要求之办法，以宗国法律规定之。

第七十四条　对于宗国议会议决之法律,参议院有诘难之权。

此项诘难,限于议会最终投票后第一第二两星期内,向政府提出之,并限于第三第四两星期,将理由向政府声明。

经参议院诘难后,此项法律应再提交议会议决。如议会及参议院双方不能同意时,总统在三月以内,将双方意见分歧问题,提交国民公决。如总统不实行此项提交国民公决之举,此项法律即作为不成立。如宗国议会对于此项诘难,以三分之二之多数,为反对之决议时,总统应在三月以内,按照议会所议决公布,或提交国民公决。

第七十五条　国民公决时,必有选举权者之多数,参与此项投票时,方能将议会所议决者作为无效。

第七十六条　宪法得以立法上之方法变更之,惟议会变更宪法决议案之成立,须得议员全体三分之二出席,并出席者三分之二之赞成,参议院变更宪法之决议案,亦须得所投票数三分之二之多数,宪法变更出于国民要求,并经国民公决决定者,以得有选举权者之多数之赞同为条件。

宗国议会反对参议院之诘难,而为变更宪法之决议时,如参议院于两星期内要求提交国民公决,则总统不应将此项法律公布。

第七十七条　关于施行法律上应需之一般行政规定,除法律有别种规定外,由政府颁行之。此项法律施行,属诸各州官厅之权限者,则政府所颁行政规定,应得参议院之同意。

第六章　宗国行政

第七十八条　外交事务专属诸宗国。

关于各州立法范围内之事务，各州得与外国缔结条约。但此条约，应得宗国之同意。

与外国所订条约关于宗国疆界变更者，经关系州之同意，由宗国缔结之。疆界变更应根据宗国法律行之，但其事不过为无居民之土地之划界问题者，不在此限。

各州中与外国有生计上特殊关系，或壤地相接关系，而生利益问题者，关于此项利益之保护。宗国应得关系各州之同意，采取一切应需之处置。

第七十九条　国防事务专属诸宗国，德国国民之军制，按照各地居民情况，由宗国法律以统一之方法规定之。

第八十条　殖民地事务专属诸宗国。

第八十一条　凡德国商船合为一统一之商舰队。

第八十二条　德意志为单一之关税区、商业区，以公共之关税界环绕之。

关税界与对外之国界同。在海上以大陆海岸及所属岛屿为关税界，海上及其他水上之关税界得设例外之规定。

外国国土或国土之一部，加入德国关税界时，以条约或协定定之。

全国中某部分，以特别情形，得摈之于关税界以外。

至于自由港之处于关税界外者，但能以变更宪法之法律撤销之。

处于关税界外之区域，得与外国关税区联络。惟以国际条约或协定行之。天产品、工业品、美术品，在宗国内可以自由交易者，得在各州境上、各地方团体境上，输入输出，或通过之，如设例外时，以宗国法律定之。

第八十三条　关税及消费税为宗国官厅之行政。

宗国掌宗国租税行政之官厅，应设有机关，使各州得保护其农工商范围内之本州特别利益。

第八十四条　宗国以法律规定以下各项：

一、各州内租税行政之布置，以宗国税法之统一的、均一的、施行所需者为限；

二、监督宗国税法施行之官厅之布置及特权；

三、对于各州之抵算；

四、施行宗国税法所需行政费之赔补。

第八十五条　宗国之岁出入限于一会计年度估计之，且列之于预算册。

预算于会计年度之始，以法律规定之。

岁出之承诺，以限于一年为原则。但遇有特别情形，得推广至数年以上。此外预算法中之规定，有超过一会计年度者，与夫不关宗国之岁出入，或岁出入之行政者。均所不许。

宗国议会对于预算草案，非得参议院之同意，不得将岁出增加，或以新项目列入之。

参议院之同意，可以第七十四条所规定之方法代之。

第八十六条　关于岁入之开支，在第二会计年度内，由财政总长提出决算于参议院及宗国议会，以解除政府责任。决算之审核，以宗国法律规定之。

第八十七条　以信用方法（公债）筹集款项，限于非常岁出及生利目的之岁出时行之。此项筹款方法以及关于宗国担负之担保承诺,但能根据法律行之。

第八十八条　邮政、电报、电话、事务、专属诸宗国。

邮政上有价证据,应全国一律。

宗国政府得参议院之同意,颁行命令。以规定关于利用此项交通机关之大原则,及规费数目,政府得参议院之同意,可将此项特权,移交宗国邮政总长行使之。

关于邮政、电信、电话事务及其费率,政府得经参议院之同意,设一咨询机关。

关于交通事务之条约,惟宗国得缔结之。

第八十九条　将一般交通上所需之铁道,收为国有财产,并以统一方法管理之,为宗国职掌之一。

各州之买收私有铁道之权利,经宗国要求时,由各州移让于宗国。

第九十条　铁道归宗国所有后,公用征收特权与各州之铁道主权,亦移属于宗国。关于此项权利范围发生争议时,由国务法廷判决之。

第九十一条　宗国政府得参议院之同意,颁行一切关于铁道建筑营业交通上之命令,政府得将此项特权经参议院之同意,移诸该管总长。

第九十二条　宗国铁道,其预算决算,虽列入一般预算决算中,但按独立之生计的企业方法管理之。一切岁出含付利债务偿还在内,由铁道行政自行处置,并公积金亦自行设法存储。偿本金额之多寡,公积金之多寡,以及公积金之使用方法,以特别法律规定之。

第九十三条　关于铁道交通及运费事务,由宗国政府得参议院之同意,设咨询机关。

第九十四条　一定区域内一般交通上应用铁道,属诸宗国管理后,此区域内一般交通上应用之新铁道。但能由宗国建造或经宗国之同意后建造之,新铁道之建造,或原有铁道之变更,关及各州警察事务范围者,宗国铁道局,在决定以前,应先商明各州官厅。

铁道之尚未属诸宗国行政者,该地铁道线,宗国认为有关于一般交通及国防者,即该铁道所通过之州起而反对,得根据法律自行建筑,或以建筑权委诸他人。惟该州铁道主权,并不因此而丧失。当以建筑权委诸他人时,如必要时得以公用征收权界之。

各铁道线,对于他铁道之以自己费用提议接轨者,应概承诺之。

第九十五条　一般交通之铁道,不属诸宗国行政者,立于宗国监督之下。

立于宗国监督下之铁道,依宗国所规定之同一之大原则,建筑并设备之。

其建筑方法,应合于营业状况,及交通之要求。

客车货车,应在需用相合之范围内,供给并设置之。

关于运费之监督,应以达到全国一律,并低廉之额为目的。

第九十六条　一切铁道,以及无关一般交通之铁道,以关于国防目的,为宗国所利用时,应服从宗国政府之命令。

第九十七条　将一般交通所需之河道,收为国有,并属诸宗国行政,为宗国职掌之一(河道二字,兼加以人工之河以及运河二者言之)

此项河道一经收归国有,此后关于一般交通之河道,但能由宗国建造或扩张,或经宗国之同意建造或扩张之。

关于河道之管理扩张新建,应得各州之同意,使各州农田水利之需要,得以保持,并图所以发达之。

各河道对于其他内地河道,以自己费用请求联络者,应许可之。关于铁道与运河二者之联络,其所负义务正同。

河道一经收为国有,则公用征收权、运费权、与水流行船警察权,亦属诸宗国。

莱因河、维塞河、爱尔白河区域内,关于天然水道之建设上,有所谓水道团体,此项水道团体之职掌应移诸宗国。

第九十八条 关于河道事务,应经宗国参议院之同意,设为详细规定后,立咨议机关以参与其事。

第九十九条 天然河道上之规费,限于设有机关,以图交通便利者,方可征收之。所收规费,在国家的及地方的机关不得超于建设及维持费之上,所设机关,非专图交通便利,原为促进其他目的者,其建设与维持费,应以船钞名义,限于相当范围内征收之,关于付利及投资偿还所需之数,可视为建设费。

关于人工河道上,人工河道所设机关上及口岸上征收规费,前项之规定,得适用之。

关于内河航路内征收规费之规定,得以某河道某水流区域以及某河道全线所需全部费用为标准。

前项规定,关于可航河上漂流之木筏适用之。

对于外国船只及外国船只货物征收视德国船只德国货物较高之规费之权,但属于宗国。

为筹集德国水道之维持及扩张费,对于航行者,宗国得以其他方法,根据法律,令其分担此项经费。

第百条　为填补内河航路之建造费与维持费,即令在水闸建造后所获利益不以航行而以他种关系者,亦可以法律规定,令其分担经费。但此项规定,限于河道之通过数州或宗国独负此建造之责者为限。

第百〇一条　将一切海上标帜、如灯台、火船、浮标等,收为国有,并由宗国管理之,为宗国职掌之一。以上各项,经宗国接收后,海上标帜,惟宗国得而建造扩张,或经宗国同意后方得建造或扩张之。

第七章　司法

第百〇二条　法官为独立的,但受法律之支配。

第百〇三条　经常审判权,由宗国法廷,及各州法廷行使之。

第百〇四条　关于经常审判权之法官,任期终身。反于本人之意而有永久或一时之免职、他迁以及退休等事,须遵照法律上所规定之理由并形式,并经司法官之判决,但立法上得规定法官达某年龄后,得令退休。

暂时免职,其根据法律而来者,与前项规定无涉。

如因法廷组织或司法区之变更,各州司法部可不得法官同意,调至他法廷,或令免职,但须给以原俸。

关于商事法官、陪审官,前项规定不适用之。

第百〇五条　例外法廷不得设置,向合法法官呈诉者,不得拒绝之。

军事法廷,及特种法廷之法律规定,与本条无涉。军事名誉法廷撤销之。

第百〇六条　除战时及军舰以外,军法审判所撤销之,其详以宗国法律定之。

第百〇七条　宗国及各州内应颁法律，设行政审判所，以保护个人对于行政官厅命令及处分之反抗。

第百〇八条　宗国内应按法律规定，设国务法廷。

第二部　德意志人之根本权利与根本义务

第一章　个人

第百〇九条　凡德意志人在法律之前平等。

男女在原则上享有同等之国民权利与义务。

因出生或阶级异同而发生之公法的特权或劣等待遇，概行撤销。贵族符号，作为姓名之一部，今后不得再行给予。

衔名限于表示官职或职业时方得给予之。

学位与本条规定无涉。

勋章及荣章不得给予之。

德意志人不得接受外国政府所予衔名及勋章。

第百十条　宗国及各州内之国籍，按照宗国法律之规定，取得或丧失之。

凡各州州民同时即为宗国国民。

凡德意志人民在各州内其所有权利义务与各州州民同。

第百十一条　凡德意志人在宗国内有自由迁徙之权。德意志人在宗国内无论何地，得居住、定居、购置田地及营生业，如有制限以法律定之。

第百十二条　凡德意志人，均有移居外国之权利，移居之制限以法律定之。

凡有德国国籍者,关于对外国时,不论在德国境内外,均有要求宗国保护之权利。

凡属德意志人,不得递解于外国政府,以受追究或刑罚。

第百十三条　宗国之立法行政,对于宗国内异言民族之自由的民俗的发展,不得妨害之。其中以此等民族在教育上、行政上、司法上、本族语言之使用,不加限制为尤重。

第百十四条　人身自由不可侵犯。以公权限制,或剥夺人身自由,非依法律之根据,不得为之。

对于个人受剥夺自由者,限于第二日内,应将所以剥夺自由之理由,以及执行官厅通知之。对于此等人,应从速予以机会,俾提出反对此项剥夺自由之申诉。

第百十五条　德意志人之家宅,为各人特别保护所,不得侵犯之。

非有法律上之规定,不得设为例外。

第百十六条　所犯行为在法律上原有刑罚之规定者,方得加以刑罚。

第百十七条　书信、邮政、电报、电话秘密,不可侵犯。非有法律规定,不得设为例外。

第百十八条　凡德意志人在一般法律范围内,得将其意见,以字以文,以印刷以图画,或其他方法,自由表示。

此项权利,不因劳动或雇佣关系而受牵制,且当其行使此种权利时,他人不得制限之。

检查之制,不得设置。但对于电影,得以法律设为例外规定。

秽辱文学之防止上,青年出入展览所及戏馆演讲所之保护上,得以法律规定之。

第二章　团体生活

第百十九条　婚姻为家庭生活，民族繁殖，维持之大本。故立于宪法特别保护之下。

婚姻以男女之权利平等为基础。

家庭之清净、卫生、及社会的助长，为国家及地方应注意之事。生齿繁多之家庭，有向国家请求调剂之权利。

产妇受国家之维持调护。

第百二十条　子女之教育，使其达于身的心的社会的美善，为父母最高之义务，及自然之权利。关于父母之行动，由国家的团体监督之。

第百二十一条　非婚姻的子女，其身的心的社会的发达，应以法律规定。使之与婚姻的子女，立于同等地位。

第百二十二条　青年应保护之，使不至为人所蹦践，并不至受身心上风俗上之恶影响，国家及地方应设相当机关，以达此项目的。

以强制之方法，达保护之目的，限于有法律之根据时，方得为之。

第百二十三条　凡德意志人平和的，且不携武装，可不必通知，并不必得特别许可，有集会之权利。

旷野集会，限于有法律规定时，有通知义务。公安上有直接危险时，得禁止之。

第百二十四条　凡德意志人关于不背于刑法之目的，有结社之权利。

此项权利不以预防方法限制之。

此项规定对于宗教团体适用之。

各项团体遵民法之规定，有取得法人资格之权利。

此项权利，不得以其团体所抱为政治上、社会政策上、宗教上之目的，从而拒绝之。

第百二十五条　各人有选举自由、选举秘密之权利，其详以选举法定之。

第百二十六条　凡德意志人均有向该管官厅、国民代表，以文字提出请愿，或诉告之权利。此项权利，得由个人单独或合多数人共同行使之。

第百二十七条　地方自治团体及此类团体之组合，在法律范围内，有自治权。

第百二十八条　凡德意志人无区别。遵法律规定，按其所能，各有就公职之权利。

凡为妇女所设例外规定，一概撤销。

官吏关系之基础，以宗国法律规定之。

第百二十九条　文官之在职，除法律有别种规定外，以终身为期。退休金，遗族抚养费以法律定之。文官之既得权，不得侵害之。文官之财产请求权，可经由司法方法行之。

文官之暂时免职，一时或永久退休，或迁调至俸给较少之官职。非遵法律上规定条件或形式，不得行之。

文官因职务而受处罚。判决时，须畀以诉告权以及再行审问之机会。

案牍中对于文官有不利之记载，应听其自行发表意见后，方能登录。关于人身履历之案牍，应准文官阅览。

既得权之不可侵犯。财产请求权之司法方法，对于以兵为业者，亦应许与之。此等以兵为业者之地位，其详以法律定之。

第百三十条　文官为国家之公仆，不为一党图私利。

文官各有政治思想自由及结社自由之权利。

文官日后以宗国法律之规定，许其选出特别代表。

第百三十一条　文官因行使其所受托之公权，而损其对于第三者所负公职上之义务时，此项责任，在原则上由其文官所服务之国家，或地方团体负之。文官本身之责任追问，仍保留之。

经常司法方法之使用，不得禁止之。

其详以立法规定之。

第百三十二条　凡德意志人按法律所规定，有担任名誉职之义务。

第百三十三条　凡国民依法律规定，有为国家及地方自治团体，服人身劳役之义务。

当兵义务，以宗国兵役法定之。此项兵役法中，为履行军队职务，并保持军队纪律起见，并得规定个人根本权利上所受之制限。

第百三十四条　凡国民一无区别，按法律所定。应于各人能力担任国库负担。

第三章　宗教及宗教团体

第百三十五条　凡居于宗国内者，各享有完全之信仰及良心自由。宗教自由之行使，不受惊扰，由宪法保证，并立于国家保护之下。国家一般法律，不因此条文而受牵掣。

第百三十六条　民法的及公民的权利义务，不以宗教自由而受制限。

民法的公民的权利之享受及公职之就任，与所信宗教完全分离。

无论何人无宣告其宗教信仰之义务，但各官厅因某项权利义务问题与所属宗教团体有关，或因编制法律上所规定统计表时，有向各人询问其所属宗教团体之权利。

无论何人，不得强制之使其行某种教礼。某种宗教祝贺，参与某种祈祷，或采用某种宣誓式。

第百三十七条　全国内不设国教。

宗教团体有自由结会之权利，宗国内宗教团体之联合，不受何种制限。

各宗教团体，在一般适用之法律范围内，独立处置其事务，所有教职，自行任命，无须国家及地方团体干预。

宗教团体得依民法一般规定，取得法人资格。

宗教团体，在昔为公法上之团体者，今仍为公法团体。其他宗教团体，其组织上，其会员数目上，有持久之保证者，由彼自行请求，亦得许以同种权利。此等多数公法上之宗教团体结合，而为联合团体时，此联合团体，即为公法上之团体。

宗教团体之为公法上之团体者，依民间纳税名册，按各州法律所规定，有征税之权利。

其他团体，以人生观之公共修养为目的者，亦以待宗教团体者待之。

以上规定之施行，应有详细规定者，由各州州法规定之。

第百三十八条　所有根据法律契约，及其他特别名义上，国家对于宗教团体之维持，概以各州立法废止之。

关于此项问题之大原则，由宗国规定之。

宗教团体之财产及为修养、教育、幸福三者而设定之机关，及财团之权利，概保存之。

第百三十九条　星期日及法定假期，作为劳工休息日精神修养日，以国家法律之力保护之。

第百四十条　陆海军人员，应许以自由时刻，以行其宗教的义务。

第百四十一条　军队、病院、监狱及其他公共局所有须祈祷或精神上安慰者，应准各宗教团体执行教礼，但不得有丝毫强制。

第四章　教育及学校

第百四十二条　学问、美术及学问美术之讲授，一概自由，国家对于此项与以保护，助其发展。

第百四十三条　青年教育在公共机关中行之，此等教育机关由宗国各州及地方协力设置之。

教员养成，依教育上一般通行之原则，由宗国以统一之方法规定之。

公立学校内教员之权利义务，与国家文官等。

第百四十四条　一切学校立于国家监督之下，国家得令各地方团体参与之。学校监督以深造之专门人才，并以此为专业之人员任之。

第百四十五条　全国施行义务入学制。义务入学制之施行，始于国民小学,以八学年为期。小学毕业,继入续学(连续学习之意)学校,至年满十八岁为止。

国民小学及续学学校内之功课以及学校用具,由国家免费供给之。

第百四十六条　全体公立学校,以系统的方法构成之。

以一般人所入之基础学校为本,进而上之为中学,为高等学校,各种学校之设立,以生活上所需万殊之职业为标准。孩童在学校中之教育,应察其天才性情所近,不以父母之生计的社会的地位,或宗教为标准。

(德语中之高等学校应作为大学解释)

各地方团体内有受教权利者,得自行提议设立其所信宗教,所抱人生观之国民小学。惟以第一项所规定之有秩序之学校经营,不受影响为条件。有受教权利者之意思,应尊重之。其详由各州宗国法律所定大原则规定之。

宗国各州及地方团体应提出公款,为图穷苦者入中学及高等学校之便利,尤以对于适于入中学及高等学校之孩童之父母,应予以教育上之补助。俾此孩童得终其所学。

第百四十七条　以私立学校,补充公立学校,应得国家之许可,且立于各州法律之下,私立学校,其教育目的、设备,以及教员学问程度,不在公立学校下者。且其所收学生,不以父母财产资力为标准而显示区别者,方得许可之。教员之生计上、法律上之地位,认为不相当者,不得许可之。

按照百四十六条第二项之规定,地方团体内少数受教权利者之意思,本当尊重。其地方内以无合于宗教信仰或人生观之公立

学校,则私立学校之设立,应许可之。或教育当局,认此私立学校
有特别之教育利益时,亦得许可之。

特种小学校今后一概停止。(此项小学在革命前专为贵族所
设,自六岁至十岁止)私立学校,并不之以补充公立学校者,以现行
法律之规定为标准。

第百四十八条 各学校内应致力于道德修养,国民精神,以及
人身的职业的健全,内以树立德国民族精神,外以达世界民族调和
之目的。

公立学校教育应注意不妨害怀抱他种思想者之感情。

公民常识及工作课程,为学校科目,各学生在学校义务终了
时,各得宪法印本一册。

国民小学校以及国民高等学校,由宗国各州及地方团体三者,
维持发达之。

第百四十九条 宗教课程,为学校内通常科目,但无宗教信仰
之学校,不在此限。宗教课程之教授,于学校立法中规定之。宗教
课程,于不妨害国家之监督权内,依本宗教团体之大经大法行之。

宗教课程之教授与宗教仪式之执行,由学校教员之意思定之。对
于宗教课程宗教仪式之参与,由管辖孩童之宗教教育者之意思定之。

高等学校之神学科,依旧存在。

第百五十条 美术上历史上之古迹、天然风景,由国家特别保
管之。

禁止德国美术品移转于外国为宗国之职掌。

第五章　生计生活

第百五十一条 生计生活之秩序,应与公道大原则,人类生存

维持之大目的相合。在此范围内,各个人享有生计上之自由。

法律上之强制,限于权利迫害之保护时,公共幸福重要条件之维持时,方得行之。

商工业之自由依宗国法律之规定保证之。

第百五十二条　生计交通上之契约自由,依法律所规定。

盘剥厚利之举禁止。反于善良风俗之法律行为无效。

第百五十三条　私有财产受宪法上之保护,其内容其制限,依法律所规定。

公用征收限于发达公共幸福。有法律根据时,方得行之。

公用征收除法律有别种规定外,应予以相当报酬。报酬之多寡生争议时,除有别种规定外,应准人民在经常法廷上,提起诉讼。

宗国对于各州、地方团体、公益组合三者,而有公用征收之举,亦以提出报酬行之。

私有财产负有义务,私有财产之使用,不容忘却公共幸福。

第百五十四条　承继权依民法之规定保证之。

承继财产内国家之名分,依法律所规定行之。

第百五十五条　土地之分配及利用,应由国家按以下二目的监督之:第一,防土地权之监用;第二,使各德意志人有卫生之家宅,至于生齿繁多之家庭,其所需要之住宅营业地尤当注意,战事人员关于将来设定之家宅权利上亦应受特别之注意。

为供住宅之需要,为移民之发展,为农业之发达,可将私人土地所有权征收之,家族内之土地财团废止之。

土地之利用耕作,为土地所有主对于团体之义务。土地价值之增加,并不起于劳力应用资本应用者,应用之以达公众之利益。

土地宝藏及可利用之天然力,立于国家监督之下。私人矿业特权依立法上之规定,移让于国家。

第百五十六条　宗国予人以赔偿,并将公用征收章程为合理的应用时,得以适于社会所有之私人营业,收为公有财产。

国家可令各州或地方团体参与此类营业之管理,或以其他方法保有一定之势力。

宗国如有紧急需要时,为公共生计计,依法律所定,得将生计营业及生计团体结合之,使立于自治基础之上。此项结合之目的,第一,使生利阶级均得与闻;第二,使劳动者工主均得与闻其管理方法;第三,生计财物之制造、生产、分配、消费、定价、输出、输入,可依公共生计之原则规定之。营业组合,或生计组合,或其他团体,如自行提出要求时,得按其组织、种类,而合之为公共生计团体。

第百五十七条　劳动力立于国家特别保护之下。

宗国应编制统一之劳动法规。

第百五十八条　精神劳动、版权、发明权、美术权、享有国家特别保护及维持。

德国学问上美术上技术上之创作品,应结国际条约,使其在外国亦享受保护。

第百五十九条　为保护发展劳动条件生计条件之结社自由,一切人一切职业得享有之,一切约束或规定有图限制或防害此自由者均为违法。

第百六十条　立于为人服役,或劳动关系内之受佣者劳动者,其公民权之行使,或重要名誉职之担负上,应需之自由时间。在营业不受大妨害之限度内,得向其佣主工主要求之。其应得报酬,以法律定之。

第百六十一条　为保护健康、劳动能力、产妇、年老衰弱、疾病计，宗国应定一统一的保险制，且使保险人与闻其事。

第百六十二条　关于劳动者法律关系之国际的规定，其目的在使全世界劳动阶级之社会的权利，得有一公共之最小限度者，由宗国与外国缔结条约。

第百六十三条　凡德意志人，虽人人享有人身自由，然人人各有道德上之义务，使其精神体力之活动，合于公共幸福所要求。

凡德意志人应予以机会，使得由劳动而维持其生计。

有求相当劳动机会而不得者，则为之筹划每人所需之生计，其详以特别法律定之。

第百六十四条　农工商之中流社会，应自立法上行政上以保护之，且不令其担负重负并为人兼并。

第百六十五条　关于工价与劳动条件之规定，及生产力之生计的发展问题，劳动者受佣者与工主享有平等权利，共同参与之。此双方所组织团体，及双方所订契约均承认之。

劳动者与受佣者为保护其生计的社会的利益，对于工务劳动者会议及按生计区所分设之地方劳动者会议及全国劳动者会议，得选出法律上之代表。

地方劳动者会议与全国劳动者会议为履行其生计职务及与闻社会所有法律之施行，得合工主代表及其有关系国民阶级之代表。会集于地方生计会议及全国生计会议中。此地方生计会议及全国生计会议之组织，应按全国各重要职业团体之生计的社会的关系轻重，均有出席代表之权利。

关系重大之社会政策上生计政策上之法律草案,应由宗国政府在提出议会前,提示于全国生计会议,以询其意见,宗国生计会议自身有动议此项法律案之权利,宗国政府即不以此法律案为然。应将此草案附以意见,提出于议会,宗国生计会议得令会员一人,出席于宗国议会以说明其议案。

对于劳动者会议及生计会议,限于其所及权限范围内,得以监督权及行政特权委托之。

劳动者会议及生计会议之组织及职掌之规定,以及二者对于其他社会的自治团体之关系之规定,是为宗国政府独有之权限。

暂行条例及附则

第百六十六条　在宗国行政法廷未成立时,关于选举审查法廷之构成上,以宗国法廷代之。

第百六十七条　第十八条第三项至第六项之规定,在宪法公布二年后,发生效力。

第百六十八条　第六十三条所规定之各州法律,尚未颁布时,在参议院中,普鲁士全部投票权,得由政府人员代理。但其期限不得超过一年以上。

第百六十九条　第八十三条第一项施行日期,由宗国政府定之。

在相当过渡时期内,关税消费税之征收及管理,由各州自定之。

第百七十条　巴扬及威敦堡之邮政电报行政,以一九二一年四月一日为限,移转于宗国。

届一九二〇年十月一日,关于移转条件,双方尚未同意时,由国务法廷判决之。

在未移转时,巴扬威敦堡之权利义务,与曩日同,与外国中邻国之邮政电报交通事宜,独由宗国规定之。

第百七十一条 各州国有铁道河道海上标帜,以一九二一年四月一日为限,移转于宗国。

届一九二〇年十月一日,关于移转条件,双方尚未同意时,由国务法廷判决之。

第百七十二条 国务法廷之宗国法律,尚未施行时,国务法廷之权限,由七人之元老会议行之。七人中之三人由宗国议会,四人由宗国法廷法官中选举之,审判方法自定之。

第百七十三条 第百三十八条所规定,宗国法律尚未颁行时,所有向日本于法律契约及其他名义上国家对于宗教团体之维持,概仍其旧。

第百七十四条 第百四十六条第二项所规定之宗国法律,尚未颁行时,一切依向章办理。

此项法律对于宗国内并无依宗教派别而设之学校之各区域,尤应注意之。

第百七十五条 第百〇九条之规定,对于一九一四至一九一九年因战功所给予之勋章,不适用之。

第百七十六条 文官及陆海军人应依宪法宣誓,其详以宗国总统之命令定之。

第百七十七条 现行法律中之宣誓,其采宗教上之宣誓形式者,可去宗教之形式,代以予誓云云。亦为合法之宣誓。

法律中所规定其他之宣誓内容仍旧有效。

第百七十八条　一八七一年四月十六日德意志帝国宪法及一九一九年二月十日暂行宪法废止之。

其他法律命令与本宪法不相冲突者，继续有效。一九一七年六月二十八日在佛塞所签字和约之规定，不因本宪法而受影响。

官厅命令按旧日法律，以合法方法宣布之者，除以命令或立法取消其效力外，继续有效。

第百七十九条　凡法律命令中所指之规定及机关，为本宪法所废止者，以本宪法中相当之规定及机关代之。国民会议以宗国议会代之。各邦委员会以宗国参议院代之。暂行宪法中临时总统，以按本宪法所选之总统代之。

依向章属于各邦委员会之命令宣布权，此后此项权利，移于宗国政府。

政府颁行此项命令须按本宪法之规定，得参议院之同意。

第百八十条　第一届宗国议会尚未召集时，以国民议会代宗国议会。

第一任宗国总统尚未任职时，其职务由按暂行宪法所选之临时总统行使之。

第百八十一条　德意志国民以国民会议为机关，议决本宪法且尊重之。本宪法自公布之日施行。

一九一九年八月十一日　黑堡（地名）

宗国总统　爱勃脱

宗国内阁　鲍欧等人九

附录一　Die Verfassung des Deutschen Reiches

("Weimarer Reichsverfassung")

11. August 1919

Präambel

Das Deutsche Volk, einig in seinen Stämmen und von dem Willen beseelt, sein Reich in Freiheit und Gerechtigkeit zu erneuern und zu festigen, dem inneren und dem äußeren Frieden zu dienen und den gesellschaftlichen Fortschritt zu fördern, hat sich diese Verfassung gegeben.

Erster Hauptteil. Aufbau und Aufgaben des Reichs.

Erster Abschnitt. Reich und Länder.

Artikel 1. Das Deutsche Reich ist eine Republik. Die Staatsgewalt geht vom Volke aus.

Artikel 2. Das Reichsgebiet besteht aus den Gebieten der deutschen Länder. Andere Gebiete können durch Reichsgesetz in das Reich aufgenommen werden, wenn es ihre Bevölkerung kraft des Selbstbestimmungsrechts begehrt.

Artikel 3. Die Reichsfarben sind schwarz-rot-gold. Die Handelsflagge ist schwarz-weiß-rot mit den Reichsfarben in der oberen inneren Ecke.

Artikel 4. Die allgemein anerkannten Regeln des Völkerrechts gelten als bindende Bestandteile des deutschen Reichsrechts.

Artikel 5. Die Staatsgewalt wird in Reichsangelegenheiten durch die Organe des Reichs auf Grund der Reichsverfassung, in Landesangelegenheiten durch die Organe der Länder auf Grund der Länderverfassungen ausgeübt.

Artikel 6. Das Reich hat die ausschließliche Gesetzgebung über:

1. die Beziehungen zum Ausland;

2. das Kolonialwesen;

3. die Staatsangehörigkeit, die Freizügigkeit, die Ein- und Auswanderung und die Auslieferung;

4. die Wehrverfassung;

5. das Münzwesen;

6. das Zollwesen sowie die Einheit des Zoll- und Handelsgebiets und die Freizügigkeit des Warenverkehrs;

7. das Post- und Telegraphenwesen einschließlich des Fernsprechwesens.

Artikel 7. Das Reich hat die Gesetzgebung über:

1. das bürgerliche Recht;

2. das Strafrecht;

3. das gerichtliche Verfahren einschließlich des Strafvollzugs sowie die Amtshilfe zwischen Behörden;

4. das Paßwesen und die Fremdenpolizei;

5. das Armenwesen und die Wandererfürsorge;

6. das Presse-, Vereins-und Versammlungswesen;

7. die Bevölkerungspolitik, die Mutterschafts-, Säuglings-, Kinder-und Jugendfürsorge;

8. das Gesundheitswesen, das Veterinärwesen und den Schutz der Pflanzen gegen Krankheiten und Schädlinge;

9. das Arbeitsrecht, die Versicherung und den Schutz der Arbeiter und Angestellten sowie den Arbeitsnachweis;

10. die Einrichtung beruflicher Vertretungen für das Reichsgebiet

11. die Fürsorge für die Kriegsteilnehmer und ihre Hinterbliebenen;

12. das Enteignungsrecht;

13. die Vergesellschaftung von Naturschätzen und wirtschaftlichen Unternehmungen sowie die Erzeugung, Herstellung, Verteilung und Preisgestaltung wirtschaftlicher Güter für die Gemeinwirtschaft

14. den Handel, das Maß-und Gewichtswesen, die Ausgabe

von Papiergeld, das Bankwesen sowie das Börsenwesen;

15. den Verkehr mit Nahrungs- und Genußmitteln sowie mit Gegenständen des täglichen Bedarfs;

16. das Gewerbe und den Bergbau;

17. das Versicherungswesen;

18. die Seeschiffahrt, die Hochsee- und Küstenfischerei;

19. die Eisenbahnen, die Binnenschiffahrt, den Verkehr mit Kraftfahrzeugen zu Lande, zu Wasser und in der Luft, sowie den Bau von Landstraßen, soweit es sich um den allgemeinen Verkehr und die Landesverteidigung handelt;

20. das Theater- und Lichtspielwesen.

Artikel 8. Das Reich hat ferner die Gesetzgebung über die Abgaben und sonstigen Einnahmen, soweit sie ganz oder teilweise für seine Zwecke in Anspruch genommen werden. Nimmt das Reich Abgaben oder sonstige Einnahmen in Anspruch, die bisher den Ländern zustanden, so hat es auf die Erhaltung der Lebensfähigkeit der Länder Rücksicht zu nehmen.

Artikel 9. Soweit ein Bedürfnis für den Erlaß einheitlicher Vorschriften vorhanden ist, hat das Reich die Gesetzgebung über:

1. die Wohlfahrtspflege;

2. den Schutz der öffentlichen Ordnung und Sicherheit.

Artikel 10. Das Reich kann im Wege der Gesetzgebung Grundsätze aufstellen für:

1. die Rechte und Pflichten der Religionsgesellschaften;

2. das Schulwesen einschließlich des Hochschulwesens und des wissenschaftlichen Büchereiwesens;

3. das Recht der Beamten aller öffentlichen Körperschaften;

4. das Bodenrecht, die Bodenverteilung, das Ansiedlungs- und Heimstättenwesen, die Bindung des Grundbesitzes, das Wohnungswesen und die Bevölkerungsverteilung;

5. das Bestattungswesen.

Artikel 11. Das Reich kann im Wege der Gesetzgebung Grundsätze über die Zulässigkeit und Erhebungsart von Landesabgaben aufstellen, soweit sie erforderlich sind, um

1. Schädigung der Einnahmen oder der Handelsbeziehungen des Reichs,

2. Doppelbesteuerungen,

3. übermäßige oder verkehrsbehindernde Belastung der Benutzung öffentlicher Verkehrswege und Einrichtungen mit Gebühren,

4. steuerliche Benachteiligungen eingeführter Waren gegenüber den eigenen Erzeugnissen im Verkehre zwischen den einzelnen Ländern und Landesteilen oder

5. Ausfuhrprämien

auszuschließen oder wichtige Gesellschaftsinteressen zu wahren.

Artikel 12. Solange und soweit das Reich von seinem Gesetzgebungsrechte keinen Gebrauch macht, behalten die Länder das Recht der Gesetzgebung. Dies gilt nicht für die ausschließliche Gesetzgebung des Reichs.

Gegen Landesgesetze, die sich auf Gegenstände des Artikel 7 Ziffer 13 beziehen, steht der Reichsregierung, sofern dadurch das Wohl der Gesamtheit im Reiche berührt wird, ein Einspruchsrecht zu.

Artikel 13. Reichsrecht bricht Landrecht.

Bestehen Zweifel oder Meinungsverschiedenheiten darüber, ob eine landesrechtliche Vorschrift mit dem Reichsrecht vereinbar ist, so kann die zuständige Reichs- oder Landeszentralbehörde nach näherer Vorschrift eines Reichsgesetzes die Entscheidung eines obersten Gerichtshofs des Reichs anrufen.

Artikel 14. Die Reichsgesetze werden durch die Landesbehörden ausgeführt, soweit nicht die Reichsgesetze etwas anderes bestimmen.

Artikel 15. Die Reichsregierung übt die Aufsicht in den Angelegenheiten aus, in denen dem Reiche das Recht der Gesetzgebung zusteht.

Soweit die Reichsgesetze von den Landesbehörden auszuführen sind, kann die Reichsregierung allgemeine Anweisungen erlassen. Sie ist ermächtigt, zur Überwachung der Ausführung der Reichsgesetze zu den Landeszentralbehörden und mit ihrer Zustimmung zu den unteren Behörden Beauftragte zu entsenden.

Die Landesregierungen sind verpflichtet, auf Ersuchen der Reichsregierung Mängel, die bei der Ausführung der Reichsgesetze hervorgetreten sind, zu beseitigen. Bei Meinungsver-

schiedenheiten kann sowohl die Reichsregierung als die Landesregierung die Entscheidung des Staatsgerichtshofs anrufen, falls
nicht durch Reichsgesetz ein anderes Gericht bestimmt ist.

Artikel 16. Die mit der unmittelbaren Reichsverwaltung in
den Ländern betrauten Beamten sollen in der Regel Landesangehörige
sein. Die Beamten, Angestellten und Arbeiter der Reichsverwaltung sind auf ihren Wunsch in ihren Heimatgebieten zu ver-
wenden, soweit dies möglich ist und nicht Rücksichten auf ihre
Ausbildung oder Erfordernisse des Dienstes entgegenstehen.

Artikel 17. Jedes Land muß eine freistaatliche Verfassung
haben. Die Volksvertretung muß in allgemeiner, gleicher, unmittelbarer und geheimer Wahl von allen reichsdeutschen Männern und
Frauen nach den Grundsätzen der Verhältniswahl gewählt werden. Die Landesregierung bedarf des Vertrauens der Volksvertretung.

Die Grundsätze für die Wahlen zur Volksvertretung gelten
auch für die Gemeindewahlen. Jedoch kann durch Landesgesetz
die Wahlberechtigung von der Dauer des Aufenthalts in der Gemeinde bis zu einem Jahr abhängig gemacht werden.

Artikel 18. Die Gliederung des Reichs in Länder soll unter
möglichster Berücksichtigung des Willens der beteiligten Bevölkerung
der wirtschaftlichen und kulturellen Höchstleistung des Volkes
dienen. Die Änderung des Gebiets von Ländern und die Neubildung
von Ländern innerhalb des Reichs erfolgen durch verfassungsänderndes

Reichsgesetz.

Stimmen die unmittelbar beteiligten Länder zu, so bedarf es nur eines einfachen Reichsgesetzes.

Ein einfaches Reichsgesetz genügt ferner, wenn eines der beteiligten Länder nicht zustimmt, die Gebietsänderung oder Neubildung aber durch den Willen der Bevölkerung gefordert wird und ein überwiegendes Reichsinteresse sie erheischt.

Der Wille der Bevölkerung ist durch Abstimmung festzustellen. Die Reichsregierung ordnet die Abstimmung an, wenn ein Drittel der zum Reichstag wahlberechtigten Einwohner des abzutrennenden Gebiets es verlangt.

Zum Beschluß einer Gebietsänderung oder Neubildung sind drei Fünftel der abgegebenen Stimmen, mindestens aber die Stimmenmehrheit der Wahlberechtigten erforderlich. Auch wenn es sich nur um Abtrennung eines Teiles eines preußischen Regierungsbezirkes, eines bayerischen Kreises oder in anderen Ländern eines entsprechenden Verwaltungsbezirkes handelt, ist der Wille der Bevölkerung des ganzen in Betracht kommenden Bezirkes festzustellen. Wenn ein räumlicher Zusammenhang des abzutrennenden Gebiets mit dem Gesamtbezirke nicht besteht, kann auf Grund eines besonderen Reichsgesetzes der Wille der Bevölkerung des abzutrennenden Gebiets als ausreichend erklärt werden.

Nach Feststellung der Zustimmung der Bevölkerung hat die

Reichsregierung dem Reichstag ein entsprechendes Gesetz zur Beschlußfassung vorzulegen.

Entsteht bei der Vereinigung oder Abtrennung Streit über die Vermögensauseinandersetzung, so entscheidet hierüber auf Antrag einer Partei der Staatsgerichtshof für das Deutsche Reich.

Artikel 19. Über Verfassungsstreitigkeiten innerhalb eines Landes, in dem kein Gericht zu ihrer Erledigung besteht, sowie über Streitigkeiten nichtprivatrechtlicher Art zwischen verschiedenen Ländern oder zwischen dem Reiche und einem Lande entscheidet auf Antrag eines der streitenden Teile der Staatsgerichtshof für das Deutsche Reich, soweit nicht ein anderer Gerichtshof des Reichs zuständig

Der Reichspräsident vollstreckt das Urteil des Staatsgerichtshofs.

Zweiter Abschnitt. Der Reichstag.

Artikel 20. Der Reichstag besteht aus den Abgeordneten des deutschen Volkes.

Artikel 21. Die Abgeordneten sind Vertreter des ganzen Volkes. Sie sind nur ihrem Gewissen unterworfen und an Aufträge nicht gebunden.

Artikel 22. Die Abgeordneten werden in allgemeiner, gleicher, unmittelbarer und geheimer Wahl von den über zwanzig Jahre alten Männern und Frauen nach den Grundsätzen der Verhältniswahl gewählt. Der Wahltag muß ein Sonntag oder öffentlicher Ruhetag sein.

Das Nähere bestimmt das Reichswahlgesetz.

Artikel 23. Der Reichstag wird auf vier Jahre gewählt. Spätestens am sechzigsten Tage nach ihrem Ablauf muß die Neuwahl stattfinden.

Der Reichstag tritt zum ersten Male spätestens am dreißigsten Tage nach der Wahl zusammen.

Artikel 24. Der Reichstag tritt in jedem Jahre am ersten Mittwoch des November am Sitze der Reichsregierung zusammen. Der Präsident des Reichstags muß ihn früher berufen, wenn es der Reichspräsident oder mindestens ein Drittel der Reichstagsmitglieder verlangt.

Der Reichstag bestimmt den Schluß der Tagung und den Tag des Wiederzusammentritts.

Artikel 25. Der Reichspräsident kann den Reichstag auflösen, jedoch nur einmal aus dem gleichen Anlaß.

Die Neuwahl findet spätestens am sechzigsten Tage nach der Auflösung statt.

Artikel 26. Der Reichstag wählt seinen Präsidenten dessen Stellvertreter und seine Schriftführer. Er gibt sich seine Geschäftsordnung.

Artikel 27. Zwischen zwei Tagungen oder Wahlperioden führen Präsident und Stellvertreter der letzten Tagung ihre Geschäfte fort.

Artikel 28. Der Präsident übt das Hausrecht und die Polizeigewalt im Reichstagsgebäude aus. Ihm untersteht die Hausverwaltung; er verfügt über die Einnahmen und Ausgaben des Hauses nach Maßgabe des Reichshaushalts und vertritt das Reich in allen Rechtsgeschäften und Rechtsstreitigkeiten seiner Verwaltung.

Artikel 29. Der Reichstag verhandelt öffentlich. Auf Antrag von fünfzig Mitgliedern kann mit Zweidrittelmehrheit die Öffentlichkeit ausgeschlossen werden.

Artikel 30. Wahrheitsgetreue Berichte über die Verhandlungen in den öffentlichen Sitzungen des Reichstags, eines Landtags oder ihrer Ausschüsse bleiben von jeder Verantwortlichkeit frei.

Artikel 31. Bei dem Reichstag wird ein Wahlprüfungsgericht gebildet. Es entscheidet auch über die Frage, ob ein Abgeordneter die Mitgliedschaft verloren hat.

Das Wahlprüfungsgericht besteht aus Mitgliedern des Reichstags, die dieser für die Wahlperiode wählt, und aus Mitgliedern des Reichsverwaltungsgerichts, die der Reichspräsident auf Vorschlag des Präsidiums dieses Gerichts bestellt.

Das Wahlprüfungsgericht erkennt auf Grund öffentlicher mündlicher Verhandlung durch drei Mitglieder des Reichstags und zwei richterliche Mitglieder.

Außerhalb der Verhandlungen vor dem Wahlprüfungsgerichte

wird das Verfahren von einem Reichsbeauftragten geführt, den der Reichspräsident ernennt. Im übrigen wird das Verfahren von dem Wahlprüfungsgerichte geregelt.

Artikel 32. Zu einem Beschlusse des Reichstags ist einfache Stimmenmehrheit erforderlich, sofern die Verfassung kein anderes Stimmenverhältnis vorschreibt. Für die vom Reichstag vorzunehmenden Wahlen kann die Geschäftsordnung Ausnahmen zulassen.

Die Beschlußfähigkeit wird durch die Geschäftsordnung geregelt.

Artikel 33. Der Reichstag und seine Ausschüsse können die Anwesenheit des Reichskanzlers und jedes Reichsministers verlangen.

Der Reichskanzler, die Reichsminister und die von ihnen bestellten Beauftragten haben zu den Sitzungen des Reichstags und seiner Ausschüsse Zutritt. Die Länder sich berechtigt, in diese Sitzungen Bevollmächtigte zu entsenden, die den Standpunkt ihrer Regierung zu dem Gegenstande der Verhandlung darlegen.

Auf ihr Verlangen müssen die Regierungsvertreter während der Beratung, die Vertreter der Reichsregierung auch außerhalb der Tagesordnung gehört werden.

Sie unterstehen der Ordnungsgewalt des Vorsitzenden.

Artikel 34. Der Reichstag hat das Recht und auf Antrag von einem Fünftel seiner Mitglieder die Pflicht, Untersuchungsausschüsse einzusetzen. Diese Ausschüsse erheben in öffentlicher Verhandlung die Beweise, die sie oder die Antragsteller für erforderlich erachten. Die Öffentlichkeit kann vom Untersuchungsausschuß mit Zweidrittelmehrheit ausgeschlossen werden. Die Geschäftsordnung regelt das Verfahren des Ausschusses und bestimmt die Zahl seiner Mitglieder.

Die Gerichte und Verwaltungsbehörden sind verpflichtet, dem Ersuchen dieser Ausschüsse um Beweiserhebungen Folge zu leisten; die Akten der Behörden sind ihnen auf Verlangen vorzulegen.

Auf die Erhebungen der Ausschüsse und der von ihnen ersuchten Behörden finden die Vorschriften der Strafprozeßordnung sinngemäße Anwendung, doch bleibt das Brief-, Post-, Telegraphen- und Fernsprechgeheimnis unberührt.

Artikel 35. Der Reichstag bestellt einen ständigen Ausschuß für auswärtige Angelegenheiten, der auch außerhalb der Tagung des Reichstags und nach der Beendigung der Wahlperiode oder der Auflösung des Reichstags bis zum Zusammentritte des neuen Reichstags tätig werden kann. Die Sitzungen dieses Ausschusses sind nicht öffentlich, wenn nicht der Ausschuß mit Zweidrittelmehrheit die Öffentlichkeit beschließt.

Der Reichstag bestellt ferner zur Wahrung der Rechte der Volksvertretung gegenüber der Reichsregierung für die Zeit außerhalb der Tagung und nach Beendigung einer Wahlperiode einen ständigen Ausschuß.

Diese Ausschüsse haben die Rechte von Untersuchungsaussschüssen.

Artikel 36. Kein Mitglied des Reichstags oder eines Landtags darf zu irgendeiner Zeit wegen seiner Abstimmung oder wegen der in Ausübung seines Berufs getanen Äußerungen gerichtlich oder dienstlich verfolgt oder sonst außerhalb der Versammlung zur Verantwortung gezogen werden.

Artikel 37. Kein Mitglied des Reichstags oder eines Landtags kann ohne Genehmigung des Hauses, dem der Abgeordnete angehört, während der Sitzungsperiode wegen einer mit Strafe bedrohten Handlung zur Untersuchung gezogen oder verhaftet werden, es sei denn, daß das Mitglied bei Ausübung der Tat oder spätestens im Laufe des folgenden Tages festgenommen ist.

Die gleiche Genehmigung ist bei jeder anderen Beschränkung der persönlichen Freiheit erforderlich, die die Ausübung des Abgeordnetenberufs beeinträchtigt.

Jedes Strafverfahren gegen ein Mitglied des Reichstags oder eines Landtags und jede Haft oder sonstige Beschränkung seiner persönlichen Freiheit wird auf Verlangen des Hauses, dem der Abgeordnete angehört, für die Dauer der Sitzungsperiode aufgehoben.

Artikel 38. Die Mitglieder des Reichstags und der Landtage sind berechtigt, über Personen, die ihnen in ihrer Eigenschaft als

Abgeordneten Tatsachen anvertrauen, oder denen sie in Ausübung ihres Abgeordnetenberufs solche anvertraut haben, sowie über diese Tatsachen selbst das Zeugnis zu verweigern. Auch in Beziehung auf Beschlagnahme von Schriftstücken stehen sie den Personen gleich, die ein gesetzliches Zeugnisverweigerungsrecht haben.

Eine Durchsuchung oder Beschlagnahme darf in den Räumen des Reichstags oder eines Landtags nur mit Zustimmung des Präsidenten vorgenommen werden.

Artikel 39. Beamte und Angehörige der Wehrmacht bedürfen zur Ausübung ihres Amtes als Mitglieder des Reichstags oder eines Landtags keines Urlaubs.

Bewerben sie sich um einen Sitz in diesen Körperschaften, so ist ihnen der zur Vorbereitung ihrer Wahl erforderliche Urlaub zu gewähren.

Artikel 40. Die Mitglieder des Reichstags erhalten das Recht zur freien Fahrt auf allen deutschen Eisenbahnen sowie Entschädigung nach Maßgabe eines Reichsgesetzes.

Dritter Abschnitt. Der Reichspräsident und die Reichsregierung.

Artikel 41. Der Reichspräsident wird vom ganzen deutschen Volke gewählt.

Wählbar ist jeder Deutsche, der das fünfunddreißigste Lebensjahr vollendet hat. Das nähere bestimmt ein Reichsgesetz.

Artikel 42. Der Reichspräsident leistet bei der Übernahme seines Amtes vor dem Reichstag folgenden Eid:

"Ich schwöre, daß ich meine Kraft dem Wohle des deutschen Volkes widmen seinen Nutzen mehren, Schaden von ihm wenden, die Verfassung und die Gesetze des Reichs wahren, meine Pflichten gewissenhaft erfüllen und Gerechtigkeit gegen jedermann üben werde."

Die Beifügung einer religiösen Beteuerung ist zulässig.

Artikel 43. Das Amt des Reichspräsidenten dauert sieben Jahre. Wiederwahl ist zulässig.

Vor Ablauf der Frist kann der Reichspräsident auf Antrag des Reichstags durch Volksabstimmung abgesetzt werden. Der Beschluß des Reichstags erfordert Zweidrittelmehrheit. Durch den Beschluß ist der Reichspräsident an der ferneren Ausübung des Amtes verhindert. Die Ablehnung der Absetzung durch die Volksabstimmung gilt als neue Wahl und hat die Auflösung des Reichstags zur Folge.

Der Reichspräsident kann ohne Zustimmung des Reichstags nicht strafrechtlich verfolgt werden.

Artikel 44. Der Reichspräsident kann nicht zugleich Mitglied des Reichstags sein.

Artikel 45. Der Reichspräsident vertritt das Reich völkerrechtlich. Er schließt im Namen des Reichs Bündnisse und andere Verträge mit auswärtigen Mächten. Er beglaubigt und empfängt die Gesandten.

Kriegserklärung und Friedensschluß erfolgen durch Reichsgesetz.

Bündnisse und Verträge mit fremden Staaten, die sich auf
Gegenstände der Reichsgesetzgebung beziehen, bedürfen der
Zustimmung des Reichstags.

Artikel 46. Der Reichspräsident ernennt und entläßt die
Reichsbeamten und die Offiziere, soweit nicht durch Gesetz etwas anderes bestimmt ist. Er kann das Ernennungs- und Entlas-
sungsrecht durch andere Behörden ausüben lassen.

Artikel 47. Der Reichspräsident hat den Oberbefehl über die
gesamte Wehrmacht des Reichs.

Artikel 48. Wenn ein Land die ihm nach der Reichsverfassung oder den Reichsgesetzen obliegenden Pflichten nicht erfüllt,
kann der Reichspräsident es dazu mit Hilfe der bewaffneten
Macht anhalten.

Der Reichspräsident kann wenn im Deutschen Reiche die
öffentliche Sicherheit und Ordnung erheblich gestört oder
gefährdet wird, die zur Wiederherstellung der öffentlichen Sicherheit
und Ordnung nötigen Maßnahmen treffen, erforderlichenfalls
mit Hilfe der bewaffneten Macht einschreiten. Zu diesem Zwecke
darf er vorübergehend die in den Artikeln 114, 115, 117, 118,
123, 124 und 153 festgesetzten Grundrechte ganz oder zum Teil
außer Kraft setzen.

Von allen gemäß Abs. 1 oder Abs. 2 dieses Artikels getroffenen Maßnahmen hat der Reichspräsident unverzüglich dem Reichstag Kenntnis zu geben. Die Maßnahmen sind auf Verlangen des Reichstags außer Kraft zu setzen.

Bei Gefahr im Verzuge kann die Landesregierung für ihr Gebiet einstweilige Maßnahmen der in Abs. 2 bezeichneten Art treffen. Die Maßnahmen sind auf Verlangen des Reichspräsidenten oder des Reichstags außer Kraft zu setzen.

Das Nähere bestimmt ein Reichsgesetz.

Artikel 49. Der Reichspräsident übt für das Reich das Begnadigungsrecht aus. Reichsamnestien bedürfen eines Reichsgesetzes.

Artikel 50. Alle Anordnungen und Verfügungen des Reichspräsidenten, auch solche auf dem Gebiete der Wehrmacht, bedürfen zu ihrer Gültigkeit der Gegenzeichnung durch den Reichskanzler oder den zuständigen Reichsminister. Durch die Gegenzeichnung wird die Verantwortung übernommen.

Artikel 51. Der Reichspräsident wird im Falle seiner Verhinderung zunächst durch den Reichskanzler vertreten. Dauert die Verhinderung voraussichtlich längere Zeit, so ist die Vertretung durch ein Reichsgesetz zu regeln.

Das gleiche gilt für den Fall einer vorzeitigen Erledigung der Präsidentschaft bis zur Durchführung der neuen Wahl.

Artikel 52. Die Reichsregierung besteht aus dem Reichskanzler und den Reichsministern.

Artikel 53. Der Reichskanzler und auf seinen Vorschlag die Reichsminister werden vom Reichspräsidenten ernannt und entlassen.

Artikel 54. Der Reichskanzler und die Reichsminister bedürfen zu ihrer Amtsführung des Vertrauens des Reichstags. Jeder von ihnen muß zurücktreten, wenn ihm der Reichstag durch ausdrücklichen Beschluß sein Vertrauen entzieht.

Artikel 55. Der Reichskanzler führt den Vorsitz in der Reichsregierung und leitet ihre Geschäfte nach einer Geschäftsordnung, die von der Reichsregierung beschlossen und vom Reichspräsidenten genehmigt wird.

Artikel 56. Der Reichskanzler bestimmt die Richtlinien der Politik und trägt dafür gegenüber dem Reichstag die Verantwortung. Innerhalb dieser Richtlinien leitet jeder Reichsminister den ihm anvertrauten Geschäftszweig selbständig und unter eigener Verantwortung gegenüber dem Reichstag.

Artikel 57. Die Reichsminister haben der Reichsregierung alle Gesetzentwürfe, ferner Angelegenheiten, für welche Verfassung oder Gesetz dieses vorschreiben, sowie Meinungsverschiedenheiten über Fragen, die den Geschäftsbereich mehrerer Reichsminister berühren, zur Beratung und Beschlußfassung zu unterbreiten.

Artikel 58. Die Reichsregierung faßt ihre Beschlüsse mit

Stimmenmehrheit. Bei Stimmengleichheit entscheidet die Stimme des Vorsitzenden.

Artikel 59. Der Reichstag ist berechtigt, den Reichspräsidenten, den Reichskanzler und die Reichsminister vor dem Staatsgerichtshof für das Deutsche Reich anzuklagen, daß sie schuldhafterweise die Reichsverfassung oder ein Reichsgesetz verletzt haben. Der Antrag auf Erhebung der Anklage muß von mindestens hundert Mitgliedern des Reichstags unterzeichnet sein und bedarf der Zustimmung der für Verfassungsänderungen vorgeschriebenen Mehrheit. Das Nähere regelt das Reichsgesetz über den Staatsgerichtshof.

Vierter Abschnitt. Der Reichsrat.

Artikel 60. Zur Vertretung der deutschen Länder bei der Gesetzgebung und Verwaltung des Reichs wird ein Reichsrat gebildet.

Artikel 61. Im Reichsrat hat jedes Land mindestens eine Stimme. Bei den größeren Ländern entfällt auf eine Million Einwohner eine Stimme. Ein Überschuß, der mindestens der Einwohnerzahl des kleinsten Landes gleichkommt, wird einer vollen Million gleichgerechnet. Kein Land darf durch mehr als zwei Fünftel aller Stimmen vertreten sein.

Deutschösterreich erhält nach seinem Anschluß an das Deutsche Reich das Recht der Teilnahme am Reichsrat mit der seiner

Bevölkerung entsprechenden Stimmenzahl. Bis dahin haben die Vertreter Deutschösterreichs beratende Stimme.

Die Stimmenzahl wird durch den Reichsrat nach jeder allgemeinen Volkszählung neu festgesetzt.

Artikel 62. In den Ausschüssen, die der Reichsrat aus seiner Mitte bildet, führt kein Land mehr als eine Stimme.

Artikel 63. Die Länder werden im Reichsrat durch Mitglieder ihrer Regierungen vertreten. Jedoch wird die Hälfte der preußischen Stimmen nach Maßgabe eines Landesgesetzes von den preußischen Provinzialverwaltungen bestellt.

Die Länder sind berechtigt, so viele Vertreter in den Reichsrat zu entsenden, wie sie Stimmen führen.

Artikel 64. Die Reichsregierung muß den Reichsrat auf Verlangen von einem Drittel seiner Mitglieder einberufen.

Artikel 65. Den Vorsitz im Reichsrat und in seinen Ausschüssen führt ein Mitglied der Reichsregierung. Die Mitglieder der Reichsregierung haben das Recht und auf Verlangen die Pflicht, an den Verhandlungen des Reichsrats und seiner Ausschüsse teilzunehmen. Sie müssen während der Beratung auf Verlangen jederzeit gehört werden.

Artikel 66. Die Reichsregierung sowie jedes Mitglied des Reichsrats sind befugt, im Reichsrat Anträge zu stellen.

Der Reichsrat regelt seinen Geschäftsgang durch eine Geschäftsordnung.

Die Vollsitzungen des Reichsrats sind öffentlich. Nach Maßgabe der Geschäftsordnung kann die Öffentlichkeit für einzelne Beratungsgegenstände ausgeschlossen werden.

Bei der Abstimmung entscheidet die einfache Mehrheit der Abstimmenden.

Artikel 67. Der Reichsrat ist von den Reichsministerien über die Führung der Reichsgeschäfte auf dem laufenden zu halten. Zu Beratungen über wichtige Gegenstände sollen von den Reichsministerien die zuständigen Ausschüsse des Reichsrats zugezogen werden.

Fünfter Abschnitt. Die Reichsgesetzgebung.

Artikel 68. Die Gesetzesvorlagen werden von der Reichsregierung oder aus der Mitte des Reichstags eingebracht.

Die Reichsgesetze werden vom Reichstag beschlossen.

Artikel 69. Die Einbringung von Gesetzesvorlagen der Reichsregierung bedarf der Zustimmung des Reichsrats. Kommt eine Übereinstimmung zwischen der Reichsregierung und dem Reichsrat nicht zustande, so kann die Reichsregierung die Vorlage gleichwohl einbringen, hat aber hierbei die abweichende Auffassung des Reichsrats darzulegen.

Beschließt der Reichsrat eine Gesetzesvorlage, welcher die Reichsregierung nicht zustimmt, so hat diese die Vorlage unter Darlegung ihres Standpunkts beim Reichstag einzubringen.

Artikel 70. Der Reichspräsident hat die verfassungsmäßig zustande gekommenen Gesetze auszufertigen und binnen Monatsfrist im Reichs-Gesetzblatt zu verkünden.

Artikel 71. Reichsgesetze treten, soweit sie nichts anderes bestimmen, mit dem vierzehnten Tage nach Ablauf des Tages in Kraft, an dem das Reichs-Gesetzblatt in der Reichshauptstadt ausgegeben worden ist.

Artikel 72. Die Verkündung eines Reichsgesetzes ist um zwei Monate auszusetzen wenn es ein Drittel des Reichstags verlangt. Gesetze, die der Reichstag und der Reichsrat für dringlich erklären, kann der Reichspräsident ungeachtet dieses Verlangens verkünden.

Artikel 73. Ein vom Reichstag beschlossenes Gesetz ist vor seiner Verkündung zum Volksentscheid zu bringen, wenn der Reichspräsident binnen eines Monats es bestimmt.

Ein Gesetz, dessen Verkündung auf Antrag von mindestens einem Drittel des Reichstags ausgesetzt ist, ist dem Volksentscheid zu unterbreiten, wenn ein Zwanzigstel der Stimmberechtigten es beantragt.

Ein Volksentscheid ist ferner herbeizuführen, wenn ein Zehntel der Stimmberechtigten das Begehren nach Vorlegung eines Gesetzentwurfs stellt. Dem Volksbegehren muß ein ausgearbeiteter Gesetzentwurf zu Grunde liegen. Er ist von der Reichsregierung unter Darlegung ihrer Stellungnahme dem Reichstag zu unterbreiten. Der Volksentscheid findet nicht statt, wenn der begehrte Gesetzentwurf im Reichstag unverändert angenommen worden ist.

Über den Haushaltsplan, über Abgabengesetze und Besoldungsordnungen kann nur der Reichspräsident einen Volksentscheid veranlassen.

Das Verfahren beim Volksentscheid und beim Volksbegehren regelt ein Reichsgesetz.

Artikel 74. Gegen die vom Reichstag beschlossenen Gesetze steht dem Reichsrat der Einspruch zu.

Der Einspruch muß innerhalb zweier Wochen nach der Schlußabstimmung im Reichstag bei der Reichsregierung eingebracht und spätestens binnen zwei weiteren Wochen mit Gründen versehen werden.

Im Falle des Einspruchs wird das Gesetz dem Reichstag zur nochmaligen Beschlußfassung vorgelegt. Kommt hierbei keine Übereinstimmung zwischen Reichstag und Reichsrat zustande, so kann der Reichspräsident binnen drei Monaten über den Gegenstand der Meinungsverschiedenheit einen Volksentscheid anordnen. Macht der Präsident von diesem Rechte keinen Gebrauch, so gilt das Gesetz als nicht zustande gekommen. Hat der Reichstag mit Zweidrittelmehrheit entgegen dem Einspruch des Reichsrats beschlossen, so hat der Präsident das Gesetz binnen drei Monaten in der vom Reichstag beschlossenen Fassung zu verkünden oder einen Volksentscheid anzuordnen.

Artikel 75. Durch den Volksentscheid kann ein Beschluß des Reichstags nur dann außer Kraft gesetzt werden, wenn sich die Mehrheit der Stimmberechtigten an der Abstimmung beteiligt.

Artikel 76. Die Verfassung kann im Wege der Gesetzgebung geändert werden. Jedoch kommen Beschlüsse des Reichstags auf Abänderung der Verfassung nur zustande, wenn zwei Drittel der gesetzlichen Mitgliederzahl anwesend sind und wenigstens zwei Drittel der Anwesenden zustimmen. Auch Beschlüsse des Reichsrats auf Abänderung der Verfassung bedürfen einer Mehrheit von zwei Dritteln der abgegebenen Stimmen. Soll auf Volksbegehren durch Volksentscheid eine Verfassungsänderung beschlossen werden, so ist die Zustimmung der Mehrheit der Stimmberechtigten erforderlich.

Hat der Reichstag entgegen dem Einspruch des Reichsrats eine Verfassungsänderung beschlossen, so darf der Reichspräsident dieses Gesetz nicht verkünden wenn der Reichsrat binnen zwei Wochen den Volksentscheid verlangt.

Artikel 77. Die zur Ausführung der Reichsgesetze erforderlichen allgemeinen Verwaltungsvorschriften erläßt, soweit die Gesetze nichts anderes bestimmen, die Reichsregierung Sie bedarf dazu der Zustimmung des Reichsrats, wenn die Ausführung der Reichsgesetze den Landesbehörden zusteht.

Sechster Abschnitt. Die Reichsverwaltung.

Artikel 78. Die Pflege der Beziehungen zu den auswärtigen Staaten ist ausschließlich Sache des Reichs.

In Angelegenheiten, deren Regelung der Landesgesetzgebung zusteht, können die Länder mit auswärtigen Staaten Verträge schließen; die Verträge bedürfen der Zustimmung des Reichs.

Vereinbarungen mit fremden Staaten über Veränderung der Reichsgrenzen werden nach Zustimmung des beteiligten Landes durch das Reich abgeschlossen. Die Grenzveränderungen dürfen nur auf Grund eines Reichsgesetzes erfolgen, soweit es sich nicht um bloße Berichtigung der Grenzen unbewohnter Gebietsteile handelt.

Um die Vertretung der Interessen zu gewährleisten, die sich für einzelne Länder aus ihren besonderen wirtschaftlichen Beziehungen oder ihrer benachbarten Lage zu auswärtigen Staaten ergeben, trifft das Reich im Einvernehmen mit den beteiligten Ländern die erforderlichen Einrichtungen und Maßnahmen.

Artikel 79. Die Verteidigung des Reichs ist Reichssache. Die Wehrverfassung des deutschen Volkes wird unter Berücksichtigung der besonderen landsmannschaftlichen Eigenarten durch ein Reichsgesetz einheitlich geregelt.

Artikel 80. Das Kolonialwesen ist ausschließlich Sache des

Reichs.

Artikel 81. Alle deutschen Kauffahrteischiffe bilden eine einheitliche Handelsflotte.

Artikel 82. Deutschland bildet ein Zoll- und Handelsgebiet, umgeben von einer gemeinschaftlichen Zollgrenze.

Die Zollgrenze fällt mit der Grenze gegen das Ausland zusammen. An der See bildet das Gestade des Festlandes und der zum Reichsgebiet gehörigen Inseln die Zollgrenze. Für den Lauf der Zollgrenze an der See und an anderen Gewässern können Abweichungen bestimmt werden.

Fremde Staatsgebiete oder Gebietsteile können durch Staatsverträge oder Übereinkommen dem Zollgebiete angeschlossen werden.

Aus dem Zollgebiete können nach besonderem Erfordernis Teile ausgeschlossen werden. Für Freihäfen kann der Ausschluß nur durch ein verfassungsänderndes Gesetz aufgehoben werden.

Zollausschlüsse können durch Staatsverträge oder Übereinkommen einem fremden Zollgebiet angeschlossen werden.

Alle Erzeugnisse der Natur sowie des Gewerbe- und Kunstfleißes, die sich im freien Verkehre des Reichs befinden, dürfen über die Grenze der Länder und Gemeinden ein-, aus-oder durchgeführt werden. Ausnahmen sind auf Grund eines Reichsgesetzes zulässig.

Artikel 83. Die Zölle und Verbrauchssteuern werden durch

Reichsbehörden verwaltet.

Bei der Verwaltung von Reichsabgaben durch Reichsbehörden sind Einrichtungen vorzusehen, die den Ländern die Wahrung besonderer Landesinteressen auf dem Gebiete der Landwirtschaft, des Handels, des Gewerbes und der Industrie ermöglichen.

Artikel 84. Das Reich trifft durch Gesetz die Vorschriften über:

1. die Einrichtung der Abgabenverwaltung der Länder, soweit es die einheitliche und gleichmäßige Durchführung der Reichsabgabengesetze erfordert;

2. die Einrichtung und Befugnisse der mit der Beaufsichtigung der Ausführung der Reichsabgabengesetze betrauten Behörden;

3. die Abrechnung mit den Ländern;

4. die Vergütung der Verwaltungskosten bei Ausführung der Reichsabgabengesetze.

Artikel 85. Alle Einnahmen und Ausgaben des Reichs müssen für jedes Rechnungsjahr veranschlagt und in den Haushaltsplan eingestellt werden.

Der Haushaltsplan wird vor Beginn des Rechnungsjahres durch ein Gesetz festgestellt.

Die Ausgaben werden in der Regel für ein Jahr bewilligt, sie können in besonderen Fällen auch für eine längere Dauer bewilligt werden. Im übrigen sind Vorschriften im Reichshaushaltsgesetz unzulässig, die über das Rechnungsjahr hinausreichen oder sich nicht auf die Einnahmen und Ausgaben des Reichs oder ihrer

Verwaltung beziehen.

Der Reichstag kann im Entwurfe des Haushaltsplans ohne Zustimmung des Reichsrats Ausgaben nicht erhöhen oder neu einsetzen.

Die Zustimmung des Reichsrats kann gemäß den Vorschriften des Artikels 74 ersetzt werden.

Artikel 86. Über die Verwendung aller Reichseinnahmen legt der Reichsfinanzminister in dem folgenden Rechnungsjahre zur Entlastung der Reichsregierung dem Reichsrat und dem Reichstag Rechnung. Die Rechnungsprüfung wird durch Reichsgesetz geregelt so.

Artikel 87. Im Wege des Kredits dürfen Geldmittel nur bei außerordentlichem Bedarf und in der Regel nur für Ausgaben zu werbenden Zwecken beschafft werden. Eine solche Beschaffung sowie die Übernahme einer Sicherheitsleistung zu Lasten des Reichs dürfen nur auf Grund eines Reichsgesetzes erfolgen.

Artikel 88. Das Post- und Telegraphenwesensamt dem Fernsprechwesen ist ausschließlich Sache des Reichs.

Die Postwertzeichen sind für das ganze Reich einheitlich.

Die Reichsregierung erläßt mit Zustimmung des Reichsrats die Verordnungen welche Grundsätze und Gebühren für die Benutzung der Verkehrseinrichtungen festsetzen. Sie kann diese Befugnis mit Zustimmung des Reichsrats auf den Reichspostminister übertragen.

Zur beratenden Mitwirkung in Angelegenheiten des Post-, Telegraphen- und Fernsprechverkehrs und der Tarife errichtet die Reichsregierung mit Zustimmung des Reichsrats einen Beirat.

Verträge über den Verkehr mit dem Ausland schließt allein das Reich.

Artikel 89. Aufgabe des Reichs ist es, die dem allgemeinen Verkehre dienenden Eisenbahnen in sein Eigentum zu übernehmen und als einheitliche Verkehrsanstalt zu verwalten.

Die Rechte der Länder, Privateisenbahnen zu erwerben sind auf Verlangen dem Reiche zu übertragen.

Artikel 90. Mit dem Übergang der Eisenbahnen übernimmt das Reich die Enteignungsbefugnis und die staatlichen Hoheitsrechte, die sich auf das Eisenbahnwesen beziehen. Über den Umfang dieser Rechte entscheidet im Streitfall der Staatsgerichtshof.

Artikel 91. Die Reichsregierung erläßt mit Zustimmung des Reichsrats die Verordnungen, die den Bau, den Betrieb und den Verkehr der Eisenbahnen regeln. Sie kann diese Befugnis mit Zustimmung des Reichsrats auf den zuständigen Reichsminister übertragen.

Artikel 92. Die Reichseisenbahnen sind, ungeachtet der Eingliederung ihres Haushalts und ihrer Rechnung in den allgemeinen Haushalt und die allgemeine Rechnung des Reichs, als ein selbständiges wirtschaftliches Unternehmen zu verwalten, das seine Ausgaben einschließlich Verzinsung und Tilgung der

Eisenbahnschuld selbst zu bestreiten und eine Eisenbahnrücklage anzusammeln hat. Die Höhe der Tilgung und der Rücklage sowie die Verwendungszwecke der Rücklage sind durch besonderes Gesetz zu regeln.

Artikel 93. Zur beratenden Mitwirkung in Angelegenheiten des Eisenbahnverkehrs und der Tarife errichtet die Reichsregierung für die Reichseisenbahnen mit Zustimmung des Reichsrats Beiräte.

Artikel 94. Hat das Reich die dem allgemeinen Verkehre dienenden Eisenbahnen eines bestimmten Gebiets in seine Verwaltung übernommen, so können innerhalb dieses Gebiets neue, dem allgemeinen Verkehre dienende Eisenbahnen nur vom Reiche oder mit seiner Zustimmung gebaut werden. Berührt der Bau neuer oder die Veränderung bestehender Reichseisenbahnanlagen den Geschäftsbereich der Landespolizei, so hat die Reichseisenbahnverwaltung vor der Entscheidung die Landesbehörden anzuhören.

Wo das Reich die Eisenbahnen noch nicht in seine Verwaltung übernommen hat, kann es für den allgemeinen Verkehr oder die Landesverteidigung als notwendig erachtete Eisenbahnen kraft Reichsgesetzes auch gegen den Widerspruch der Länder, deren Gebiet durchschnitten wird, jedoch unbeschadet der Landeshoheitsrechte, für eigene Rechnung anlegen oder den Bau einem anderen zur Ausführung überlassen, nötigenfalls unter Verleihung des Enteignungsrechts.

Jede Eisenbahnverwaltung muß sich den Anschluß anderer Bahnen auf deren Kosten gefallen lassen.

Artikel 95. Eisenbahnen des allgemeinen Verkehrs, die nicht vom Reiche verwaltet werden, unterliegen der Beaufsichtigung durch das Reich.

Die der Reichsaufsicht unterliegenden Eisenbahnen sind nach den gleichen vom Reiche festgesetzten Grundsätzen anzulegen und auszurüsten. Sie sind in betriebssicherem Zustand zu erhalten und entsprechend den Anforderungen des Verkehrs auszubauen. Personen- und Güterverkehr sind in Übereinstimmung mit dem Bedürfnis zu bedienen und auszugestalten.

Bei der Beaufsichtigung des Tarifwesens ist auf gleichmäßige und niedrige Eisenbahntarife hinzuwirken.

Artikel 96. Alle Eisenbahnen, auch die nicht dem allgemeinen Verkehre dienenden haben den Anforderungen des Reichs auf Benutzung der Eisenbahnen zum Zwecke der Landesverteidigung Folge zu leisten.

Artikel 97. Aufgabe des Reichs ist es, die dem allgemeinen Verkehre dienenden Wasserstraßen in sein Eigentum und seine Verwaltung zu übernehmen.

Nach der Übernahme können dem allgemeinen Verkehre dienende Wasserstraßen nur noch vom Reiche oder mit seiner Zustimmung angelegt oder ausgebaut werden.

Bei der Verwaltung, dem Ausbau oder dem Neubau von

Wasserstraßen sind die Bedürfnisse der Landeskultur und der Wasserwirtschaft im Einvernehmen mit den Ländern zu wahren. Auch ist auf deren Förderung Rücksicht zu nehmen.

Jede Wasserstraßenverwaltung hat sich den Anschluß anderer Binnenwasserstraßen auf Kosten der Unternehmer gefallen zu lassen. Die gleiche Verpflichtung besteht für die Herstellung einer Verbindung zwischen Binnenwasserstraßen und Eisenbahnen.

Mit dem Übergange der Wasserstraßen erhält das Reich die Enteignungsbefugnis, die Tarifhoheit sowie die Strom- und Schiffahrtspolizei.

Die Aufgaben der Strombauverbände in bezug auf den Ausbau natürlicher Wasserstraßen im Rhein-, Weser-und Elbegebiet sind auf das Reich zu übernehmen.

Artikel 98. Zur Mitwirkung in Angelegenheiten der Wasserstraßen werden bei den Reichswasserstraßen nach näherer Anordnung der Reichsregierung unter Zustimmung des Reichsrats Beiräte gebildet.

Artikel 99. Auf natürlichen Wasserstraßen dürfen Abgaben nur für solche Werke Einrichtungen und sonstige Anstalten erhoben werden, die zur Erleichterung des Verkehrs bestimmt sind. Sie dürfen bei staatlichen und kommunalen Anstalten die zur Herstellung und Unterhaltung erforderlichen Kosten nicht übersteigen. Die Herstellungs-und Unterhaltungskosten für Anstalten, die nicht ausschließlich zur Erleichterung des Verkehrs, sondern auch zur Förderung anderer Zwecke bestimmt sind, dürfen nur zu einem verhältnismäßigen Anteil durch Schiffahrtsabgaben aufgebracht werden. Als Herstellungskosten gelten die Zinsen und Tilgungsbeträge für die aufgewandten Mittel.

Die Vorschriften des vorstehenden Absatzes finden Anwendung auf die Abgaben, die für künstliche Wasserstraßen sowie für Anstalten an solchen und in Häfen erhoben werden.

Im Bereiche der Binnenschiffahrt können für die Bemessung der Befahrungsabgaben die Gesamtkosten einer Wasserstraße, eines Stromgebiets oder eines Wasserstraßennetzes zu Grunde gelegt werden.

Diese Bestimmungen gelten auch für die Flößerei auf schiffbaren Wasserstraßen.

Auf fremde Schiffe und deren Ladungen andere oder höhere Abgaben zu legen als auf deutsche Schiffe und deren Ladungen, steht nur dem Reiche zu.

Zur Beschaffung von Mitteln für die Unterhaltung und den Ausbau des deutschen Wasserstraßennetzes kann das Reich die Schiffahrtsbeteiligten auch auf andere Weise durch Gesetz zu Beiträgen heranziehen.

Artikel 100. Zur Deckung der Kosten für Unterhaltung und Bau von Binnenschifffahrtswegen kann durch ein Reichsgesetz auch herangezogen werden, wer aus dem Bau von Talsperren in anderer Weise als durch Befahren Nutzen zieht, sofern mehrere Länder beteiligt sind oder das Reich die Kosten der Anlage trägt.

Artikel 101. Aufgabe des Reichs ist es, alle Seezeichen, insbesondere Leuchtfeuer, Feuerschiffe, Bojen, Tonnen und Baken in sein Eigentum und seine Verwaltung zu übernehmen. Nach der Übernahme können Seezeichen nur noch vom Reiche oder mit seiner Zustimmung hergestellt oder ausgebaut werden.

Siebenter Abschnitt. Die Rechtspflege.

Artikel 102. Die Richter sind unabhängig und nur dem Gesetz unterworfen.

Artikel 103. Die ordentliche Gerichtsbarkeit wird durch das Reichsgericht und durch die Gerichte der Länder ausgeübt.

Artikel 104. Die Richter der ordentlichen Gerichtsbarkeit werden auf Lebenszeit ernannt. Sie können wider ihren Willen nur kraft richterlicher Entscheidung und nur aus den Gründen und unter den Formen, welche die Gesetze bestimmen, dauernd oder zeitweise ihres Amtes enthoben oder an eine andere Stelle oder in den Ruhestand versetzt werden. Die Gesetzgebung kann Altersgrenzen festsetzen, bei deren Erreichung Richter in den Ruhestand treten.

Die vorläufige Amtsenthebung, die kraft Gesetzes eintritt, wird hierdurch nicht berührt.

Bei einer Veränderung in der Einrichtung der Gerichte oder

ihrer Bezirke kann die Landesjustizverwaltung unfreiwillige Versetzungen an ein anderes Gericht oder Entfernungen vom Amte, jedoch nur unter Belassung des vollen Gehalts, verfügen.

Auf Handelsrichter, Schöffen und Geschworene finden diese Bestimmungen keine Anwendung.

Artikel 105. Ausnahmegerichte sind unstatthaft. Niemand darf seinem gesetzlichen Richter entzogen werden. Die gesetzlichen Bestimmungen über Kriegsgerichte und Standgerichte werden hiervon nicht berührt. Die militärischen Ehrengerichte sind aufgehoben.

Artikel 106. Die Militärgerichtsbarkeit ist aufzuheben, außer für Kriegszeiten und an Bord der Kriegsschiffe. Das Nähere regelt ein Reichsgesetz.

Artikel 107. Im Reiche und in den Ländern müssen nach Maßgabe der Gesetze Verwaltungsgerichte zum Schutze der einzelnen gegen Anordnungen und Verfügungen der Verwaltungsbehörden bestehen.

Artikel 108. Nach Maßgabe eines Reichsgesetzes wird ein Staatsgerichtshof für das Deutsche Reich errichtet.

Zweiter Hauptteil. Grundrechte und Grundpflichten der Deutschen.

Erster Abschnitt. Die Einzelperson.

Artikel 109. Alle Deutschen sind vor dem Gesetze gleich.

Männer und Frauen haben grundsätzlich dieselben staatsbürgerlichen Rechte und Pflichten.

Öffentlich-rechtliche Vorrechte oder Nachteile der Geburt oder des Standes sind aufzuheben. Adelsbezeichnungen gelten nur als Teil des Namens und dürfen nicht mehr verliehen werden.

Titel dürfen nur verliehen werden, wenn sie ein Amt oder einen Beruf bezeichnen; akademische Grade sind hierdurch nicht betroffen.

Orden und Ehrenzeichen dürfen vom Staat nicht verliehen werden.

Kein Deutscher darf von einer ausländischen Regierung Titel oder Orden annehmen.

Artikel 110. Die Staatsangehörigkeit im Reiche und in den Ländern wird nach den Bestimmungen eines Reichsgesetzes erworben und verloren. Jeder Angehörige eines Landes ist zugleich Reichsangehöriger.

Jeder Deutsche hat in jedem Lande des Reichs die gleichen Rechte und Pflichten wie die Angehörigen des Landes selbst.

Artikel 111. Alle Deutschen genießen Freizügigkeit im ganzen Reiche. Jeder hat das Recht, sich an beliebigem Orte des Reichs aufzuhalten und niederzulassen Grundstücke zu erwerben und jeden Nahrungszweig zu betreiben. Einschränkungen bedürfen eines Reichsgesetzes.

Artikel 112. Jeder Deutsche ist berechtigt, nach außerdeutschen

Ländern auszuwandern. Die Auswanderung kann nur durch Reichsgesetz beschränkt werden.

Dem Ausland gegenüber haben alle Reichsangehörigen inner-und außerhalb des Reichsgebiets Anspruch auf den Schutz des Reichs.

Kein Deutscher darf einer ausländischen Regierung zur Verfolgung oder Bestrafung überliefert werden.

Artikel 113. Die fremdsprachigen Volksteile des Reichs dürfen durch die Gesetzgebung und Verwaltung nicht in ihrer freien, volkstümlichen Entwicklung, besonders nicht im Gebrauch ihrer Muttersprache beim Unterricht, sowie bei der inneren Verwaltung und Rechtspflege beeinträchtigt werden.

Artikel 114. Die Freiheit der Person ist unverletzlich. Eine Beeinträchtigung oder Entziehung der persönlichen Freiheit durch die öffentliche Gewalt ist nur auf Grund von Gesetzen zulässig.

Personen, denen die Freiheit entzogen wird, sind spätestens am darauffolgenden Tage in Kenntnis zu setzen, von welcher Behörde und aus welchen Gründen die Entziehung der Freiheit angeordnet worden ist; unverzüglich soll ihnen Gelegenheit gegeben werden, Einwendungen gegen ihre Freiheitsentziehung vorzubringen.

Artikel 115. Die Wohnung jedes Deutschen ist für ihn eine Freistätte und unverletzlich. Ausnahmen sind nur auf Grund von Gesetzen zulässig.

Artikel 116. Eine Handlung kann nur dann mit einer Strafe belegt werden, wenn die Strafbarkeit gesetzlich bestimmt war, bevor die Handlung begangen wurde.

Artikel 117. Das Briefgeheimnis sowie das Post-, Telegraphen- und Fernsprechgeheimnis sind unverletzlich. Ausnahmen können nur durch Reichsgesetz zugelassen werden.

Artikel 118. Jeder Deutsche hat das Recht, innerhalb der Schranken der allgemeinen Gesetze seine Meinung durch Wort, Schrift, Druck, Bild oder in sonstiger Weise frei zu äußern. An diesem Rechte darf ihn kein Arbeits- oder Anstellungsverhältnis hindern, und niemand darf ihn benachteiligen, wenn er von diesem Rechte Gebrauch macht.

Eine Zensur findet nicht statt, doch können für Lichtspiele durch Gesetz abweichende Bestimmungen getroffen werden. Auch sind zur Bekämpfung der Schund- und Schmutzliteratur sowie zum Schutze der Jugend bei öffentlichen Schaustellungen und Darbietungen gesetzliche Maßnahmen zulässig.

Zweiter Abschnitt. Das Gemeinschaftsleben.

Artikel 119. Die Ehe steht als Grundlage des Familienlebens und der Erhaltung und Vermehrung der Nation unter dem besonderen Schutz der Verfassung. Sie beruht auf der Gleichberechtigung der beiden Geschlechter.

Die Reinerhaltung, Gesundung und soziale Förderung der

Familie ist Aufgabe des Staats und der Gemeinden. Kinderreiche Familien haben Anspruch auf ausreichende Fürsorge.

Die Mutterschaft hat Anspruch auf den Schutz und die Fürsorge des Staats.

Artikel 120. Die Erziehung des Nachwuchses zur leiblichen, seelischen und gesellschaftlichen Tüchtigkeit ist oberste Pflicht und natürliches Recht der Eltern, über deren Betätigung die staatliche Gemeinschaft wacht.

Artikel 121. Den unehelichen Kindern sind durch die Gesetzgebung die gleichen Bedingungen für ihre leibliche, seelische und gesellschaftliche Entwicklung zu schaffen wie den ehelichen Kindern.

Artikel 122. Die Jugend ist gegen Ausbeutung sowie gegen sittliche, geistige oder körperliche Verwahrlosung zu schützen. Staat und Gemeinde haben die erforderlichen Einrichtungen zu treffen.

Fürsorgemaßregeln im Wege des Zwanges können nur auf Grund des Gesetzes angeordnet werden.

Artikel 123. Alle Deutschen haben das Recht, sich ohne Anmeldung oder besondere Erlaubnis zu versammeln.

Versammlungen unter freiem Himmel können durch Reichsgesetz anmeldepflichtig gemacht und bei unmittelbarer Gefahr für die öffentliche Sicherheit verboten werden.

Artikel 124. Alle Deutschen haben das Recht, zu Zwecken,

die den Strafgesetzen nicht zuwiderlaufen, Vereine oder Gesellschaften zu bilden. Dies Recht kann nicht durch Vorbeugungsmaßregeln
beschränkt werden. Für religiöse Vereine und Gesellschaften
gelten dieselben Bestimmungen.

Der Erwerb der Rechtsfähigkeit steht jedem Verein gemäß
den Vorschriften des bürgerlichen Rechts frei. Er darf einem Vereine nicht aus dem Grund versagt werden, daß er einen politischen, sozialpolitischen oder religiösen Zweck verfolgt.

Artikel 125. Wahlfreiheit und Wahlgeheimnis sind gewährleistet.
Das Nähere bestimmen die Wahlgesetze.

Artikel 126. Jeder Deutsche hat das Recht, sich schriftlich
mit Bitten oder Beschwerden an die zuständige Behörde oder an
die Volksvertretung zu wenden. Dieses Recht kann sowohl von
einzelnen als auch von mehreren gemeinsam ausgeübt werden.

Artikel 127. Gemeinden und Gemeindeverbände haben das
Recht der Selbstverwaltung innerhalb der Schranken der Gesetze.

Artikel 128. Alle Staatsbürger ohne Unterschied sind nach
Maßgabe der Gesetze und entsprechend ihrer Befähigung und
ihren Leistungen zu den öffentlichen Ämtern zuzulassen.

Alle Ausnahmebestimmungen gegen weibliche Beamte werden beseitigt.

Die Grundlagen des Beamtenverhältnisses sind durch Reichs-
sgesetze zu regeln.

Artikel 129. Die Anstellung der Beamten erfolgt auf Lebenszeit, soweit nicht durch Gesetz etwas anderes bestimmt ist. Ruhegehalt und Hinterbliebenenversorgung werden gesetzlich geregelt. Die wohlerworbenen Rechte der Beamten sind unverletzlich. Für die vermögensrechtlichen Ansprüche der Beamten steht der Rechtsweg offen.

Die Beamten können nur unter den gesetzlich bestimmten Voraussetzungen und Formen vorläufig ihres Amtes enthoben, einstweilen oder endgültig in den Ruhestand oder in ein anderes Amt mit geringerem Gehalt versetzt werden.

Gegen jedes dienstliche Straferkenntnis muß ein Beschwerdeweg und die Möglichkeit eines Wiederaufnahmeverfahrens eröffnet sein. In die Nachweise über die Person des Beamten sind Eintragungen von ihm ungünstigen Tatsachen erst vorzunehmen, wenn dem Beamten Gelegenheit gegeben war, sich über sie zu äußern. Dem Beamten ist Einsicht in seine Personalnachweise zu gewähren.

Die Unverletzlichkeit der wohlerworbenen Rechte und die Offenhaltung des Rechtswegs für die vermögensrechtlichen Ansprüche werden besonders auch den Berufssoldaten gewährleistet. Im übrigen wird ihre Stellung durch Reichsgesetz geregelt.

Artikel 130. Die Beamten sind Diener der Gesamtheit, nicht einer Partei.

Allen Beamten wird die Freiheit ihrer politischen Gesinnung und die Vereinigungsfreiheit gewährleistet.

Die Beamten erhalten nach näherer reichsgesetzlicher Bestimmung besondere Beamtenvertretungen.

Artikel 131. Verletzt ein Beamter in Ausübung der ihm anvertrauten öffentlichen Gewalt die ihm einem Dritten gegenüber obliegende Amtspflicht, so trifft die Verantwortlichkeit grundsätzlich den Staat oder die Körperschaft, in deren Dienste der Beamte steht. Der Rückgriff gegen den Beamten bleibt vorbehalten. Der ordentliche Rechtsweg darf nicht ausgeschlossen werden.

Die nähere Regelung liegt der zuständigen Gesetzgebung ob.

Artikel 132. Jeder Deutsche hat nach Maßgabe der Gesetze die Pflicht zur Übernahme ehrenamtlicher Tätigkeiten.

Artikel 133. Alle Staatsbürger sind verpflichtet, nach Maßgabe der Gesetze persönliche Dienste für den Staat und die Gemeinde zu leisten.

Die Wehrpflicht richtet sich nach den Bestimmungen des Reichswehrgesetzes. Dieses bestimmt auch, wieweit für Angehörige der Wehrmacht zur Erfüllung ihrer Aufgaben und zur Erhaltung der Manneszucht einzelne Grundrechte einzuschränken sind.

Artikel 134. Alle Staatsbürger ohne Unterschied tragen im Verhältnis ihrer Mittel zu allen öffentlichen Lasten nach Maßgabe der Gesetze bei.

Dritter Abschnitt. Religion und Religionsgesellschaften.

Artikel 135. Alle Bewohner des Reichs genießen volle Glaubens-und Gewissensfreiheit Die ungestörte Religionsübung wird durch die Verfassung gewährleistet und steht unter staatlichem Schutz. Die allgemeinen Staatsgesetze bleiben hiervon unberührt.

Artikel 136. Die bürgerlichen und staatsbürgerlichen Rechte und Pflichten werden durch die Ausübung der Religionsfreiheit weder bedingt noch beschränkt.

Der Genuß bürgerlicher und staatsbürgerlicher Rechte sowie die Zulassung zu öffentlichen Ämtern sind unabhängig von dem religiösen Bekenntnis.

Niemand ist verpflichtet, seine religiöse Überzeugung zu offenbaren. Die Behörden haben nur soweit das Recht, nach der Zugehörigkeit zu einer Religionsgesellschaft zu fragen, als davon Rechte und Pflichten abhängen oder eine gesetzlich angeordnete statistische Erhebung dies erfordert.

Niemand darf zu einer kirchlichen Handlung oder Feierlichkeit oder zur Teilnahme an religiösen Übungen oder zur Benutzung einer religiösen Eidesform gezwungen werden.

Artikel 137. Es besteht keine Staatskirche.

Die Freiheit der Vereinigung zu Religionsgesellschaften wird gewährleistet. Der Zusammenschluß von Religionsgemeinschaften innerhalb des Reichsgebiets unterliegt keinen Beschränkungen.

Jede Religionsgesellschaft ordnet und verwaltet ihre Angelegenheiten selbständig innerhalb der Schranken des für alle
geltenden Gesetzes. Sie verleiht ihre Ämter ohne Mitwirkung des
Staates oder der bürgerlichen Gemeinde.

Religionsgesellschaften erwerben die Rechtsfähigkeit nach
den allgemeinen Vorschriften des bürgerlichen Rechtes.

Die Religionsgesellschaften bleiben Körperschaften des
öffentlichen Rechtes soweit sie solche bisher waren. Anderen
Religionsgesellschaften sind auf ihren Antrag gleiche Rechte zu
gewähren, wenn sie durch ihre Verfassung und die Zahl ihrer
Mitglieder die Gewähr der Dauer bieten. Schließen sich mehrere
derartige öffentlich-rechtliche Religionsgesellschaften zu einem
Verbande zusammen, so ist auch dieser Verband eine öffentlich-
rechtliche Körperschaft.

Die Religionsgesellschaften, welche Körperschaften des
öffentlichen Rechtes sind, sind berechtigt, auf Grund der
bürgerlichen Steuerlisten nach Maßgabe der landesrechtlichen
Bestimmungen Steuern zu erheben.

Den Religionsgesellschaften werden die Vereinigungen
gleichgestellt, die sich die gemeinschaftliche Pflege einer Weltanschauung zur Aufgabe machen.

Soweit die Durchführung dieser Bestimmungen eine weitere
Regelung erfordert, liegt diese der Landesgesetzgebung ob.

Artikel 138. Die auf Gesetz, Vertrag oder besonderen Re-

chtstiteln beruhenden Staatsleistungen an die Religionsgesellschaften werden durch die Landesgesetzgebung abgelöst. Die
Grundsätze hierfür stellt das Reich auf.

Das Eigentum und andere Rechte der Religionsgesellschaften
und religiösen Vereine an ihren für Kultus-, Unterrichts- und
Wohltätigkeitszwecken bestimmten Anstalten, Stiftungen und
sonstigen Vermögen werden gewährleistet.

Artikel 139. Der Sonntag und die staatlich anerkannten
Feiertage bleiben als Tage der Arbeitsruhe und der seelischen Er-
bauung gesetzlich geschützt.

Artikel 140. Den Angehörigen der Wehrmacht ist die nötige
freie Zeit zur Erfüllung ihrer religiösen Pflichten zu gewähren.

Artikel 141. Soweit das Bedürfnis nach Gottesdienst und
Seelsorge im Heer, in Krankenhäusern, Strafanstalten oder sonstigen öffentlichen Anstalten besteht sind die Religionsgesellschaften zur Vornahme religiöser Handlungen zuzulassen wobei
jeder Zwang fernzuhalten ist.

Vierter Abschnitt. Bildung und Schule.

Artikel 142. Die Kunst, die Wissenschaft und ihre Lehre
sind frei. Der Staat gewährt ihnen Schutz und nimmt an ihrer
Pflege teil.

Artikel 143. Für die Bildung der Jugend ist durch öffentliche
Anstalten zu sorgen. Bei ihrer Einrichtung wirken Reich, Länder

und Gemeinden zusammen.

Die Lehrerbildung ist nach den Grundsätzen, die für die höhere Bildung allgemein gelten, für das Reich einheitlich zu regeln.

Die Lehrer an öffentlichen Schulen haben die Rechte und Pflichten der Staatsbeamten.

Artikel 144. Das gesamte Schulwesen steht unter der Aufsicht des Staates; er kann die Gemeinden daran beteiligen. Die Schulaufsicht wird durch hauptamtlich tätige, fachmännisch vorgebildete Beamte ausgeübt.

Artikel 145. Es besteht allgemeine Schulpflicht. Ihrer Erfüllung dient grundsätzlich die Volksschule mit mindestens acht Schuljahren und die anschließende Fortbildungsschule bis zum vollendeten achtzehnten Lebensjahre. Der Unterricht und die Lernmittel in den Volksschulen und Fortbildungsschulen sind unentgeltlich.

Artikel 146. Das öffentliche Schulwesen ist organisch auszugestalten. Auf einer für alle gemeinsamen Grundschule baut sich das mittlere und höhere Schulwesen auf. Für diesen Aufbau ist die Mannigfaltigkeit der Lebensberufe, für die Aufnahme eines Kindes in eine bestimmte Schule sind seine Anlage und Neigung, nicht die wirtschaftliche und gesellschaftliche Stellung oder das Religionsbekenntnis seiner Eltern maßgebend.

Innerhalb der Gemeinden sind indes auf Antrag von Erziehungsberechtigten Volksschulen ihres Bekenntnisses oder ihrer Weltanschauung einzurichten, soweit hierdurch ein geordneter Schulbetrieb, auch im Sinne des Abs. 1, nicht beeinträchtigt wird. Der Wille der Erziehungsberechtigten ist möglichst zu berücksichtigen. Das Nähere bestimmt die Landesgesetzgebung nach den Grundsätzen eines Reichsgesetzes.

Für den Zugang Minderbemittelter zu den mittleren und höheren Schulen sind durch Reich, Länder und Gemeinden öffentliche Mittel bereitzustellen, insbesondere Erziehungsbeihilfen für die Eltern von Kindern, die zur Ausbildung auf mittleren und höheren Schulen für geeignet erachtet werden, bis zur Beendigung ihrer Ausbildung.

Artikel 147. Private Schulen als Ersatz für öffentliche Schulen bedürfen der Genehmigung des Staates und unterstehen den Landesgesetzen. Die Genehmigung ist zu erteilen, wenn die Privatschulen in ihren Lehrzielen und Einrichtungen sowie in der wissenschaftlichen Ausbildung ihrer Lehrkräfte nicht hinter den öffentlichen Schulen zurückstehen und eine Sonderung der Schüler nach den Besitzverhältnissen der Eltern nicht gefördert wird. Die Genehmigung ist zu versagen, wenn die wirtschaftliche und rechtliche Stellung der Lehrkräfte nicht genügend gesichert ist.

Private Volksschulen sind nur zuzulassen, wenn für eine Minderheit von Erziehungsberechtigten, deren Wille nach Artikel 146 Abs. 2 zu berücksichtigen ist, eine öffentliche Volksschule ihres Bekenntnisses oder ihrer Weltanschauung in der Gemeinde nicht besteht oder die Unterrichtsverwaltung ein besonderes pädagogisches Interesse anerkennt.

Private Vorschulen sind aufzuheben.

Für private Schulen, die nicht als Ersatz für öffentliche Schulen dienen, verbleibt es bei dem geltenden Recht.

Artikel 148. In allen Schulen ist sittliche Bildung, staatsbürgerliche Gesinnung, persönliche und berufliche Tüchtigkeit im Geiste des deutschen Volkstums und der Völkerversöhnung zu erstreben.

Beim Unterricht in öffentlichen Schulen ist Bedacht zu nehmen, daß die Empfindungen Andersdenkender nicht verletzt werden.

Staatsbürgerkunde und Arbeitsunterricht sind Lehrfächer der Schulen. Jeder Schüler erhält bei Beendigung der Schulpflicht einen Abdruck der Verfassung.

Das Volksbildungswesen, einschließlich der Volkshochschulen, soll von Reich, Ländern und Gemeinden gefördert werden.

Artikel 149. Der Religionsunterricht ist ordentliches Lehrfach der Schulen mit Ausnahme der bekenntnisfreien (weltlichen) Schulen. Seine Erteilung wird im Rahmen der Schulgesetzgebung geregelt. Der Religionsunterricht wird in Übereinstimmung mit den Grundsätzen der betreffenden Religionsgesellschaften unbeschadet des Aufsichtsrechts des Staates erteilt.

Die Erteilung religiösen Unterrichts und die Vornahme kirchlicher Verrichtungen bleibt der Willenserklärung der Lehrer, die Teilnahme an religiösen Unterrichtsfächern und an kirchlichen Feiern und Handlungen der Willenserklärung desjenigen überlassen, der über die religiöse Erziehung des Kindes zu bestimmen hat.

Die theologischen Fakultäten an den Hochschulen bleiben erhalten.

Artikel 150. Die Denkmäler der Kunst, der Geschichte und der Natur sowie die Landschaft genießen den Schutz und die Pflege des Staates.

Es ist Sache des Reichs, die Abwanderung deutschen Kunstbesitzes in das Ausland zu verhüten.

Fünfter Abschnitt. Das Wirtschaftsleben.

Artikel 151. Die Ordnung des Wirtschaftslebens muß den Grundsätzen der Gerechtigkeit mit dem Ziele der Gewährleistung eines menschenwürdigen Daseins für alle entsprechen. In diesen Grenzen ist die wirtschaftliche Freiheit des einzelnen zu sichern.

Gesetzlicher Zwang ist nur zulässig zur Verwirklichung bedrohter Rechte oder im Dienst überragender Forderungen des Gemeinwohls.

Die Freiheit des Handels und Gewerbes wird nach Maßgabe der Reichsgesetze gewährleistet.

Artikel 152. Im Wirtschaftsverkehr gilt Vertragsfreiheit nach Maßgabe der Gesetze.

Wucher ist verboten. Rechtsgeschäfte, die gegen die guten Sitten verstoßen, sind nichtig.

Artikel 153. Das Eigentum wird von der Verfassung gewährleistet. Sein Inhalt und seine Schranken ergeben sich aus den Gesetzen.

Eine Enteignung kann nur zum Wohle der Allgemeinheit und auf gesetzlicher Grundlage vorgenommen werden. Sie erfolgt gegen angemessene Entschädigung soweit nicht ein Reichsgesetz etwas anderes bestimmt. Wegen der Höhe der Entschädigung ist im Streitfalle der Rechtsweg bei den ordentlichen Gerichten offen zu halten, soweit Reichsgesetze nichts anderes bestimmen. Enteignung durch das Reich gegenüber Ländern, Gemeinden und gemeinnützigen Verbänden kann nur gegen Entschädigung erfolgen.

Eigentum verpflichtet. Sein Gebrauch soll zugleich Dienst sein für das Gemeine Beste.

Artikel 154. Das Erbrecht wird nach Maßgabe des bürgerlichen Rechtes gewährleistet.

Der Anteil des Staates am Erbgut bestimmt sich nach den Gesetzen.

Artikel 155. Die Verteilung und Nutzung des Bodens wird von Staats wegen in einer Weise überwacht, die Mißbrauch verhütet und dem Ziele zustrebt, jedem Deutschen eine gesunde

Wohnung und allen deutschen Familien, besonders den kinderreichen, eine ihren Bedürfnissen entsprechende Wohn- und Wirtschaftsheimstätte zu sichern. Kriegsteilnehmer sind bei dem zu schaffenden Heimstättenrecht besonders zu berücksichtigen.

Grundbesitz, dessen Erwerb zur Befriedigung des Wohnungsbedürfnisses, zur Forderung der Siedlung und Urbarmachung oder zur Hebung der Landwirtschaft nötig ist, kann enteignet werden. Die Fideikommisse sind aufzulösen.

Die Bearbeitung und Ausnutzung des Bodens ist eine Pflicht des Grundbesitzers gegenüber der Gemeinschaft. Die Wertsteigerung des Bodens, die ohne eine Arbeits-oder eine Kapitalaufwendung auf das Grundstück entsteht, ist für die Gesamtheit nutzbar zu machen.

Alle Bodenschätze und alle wirtschaftlich nutzbaren Naturkräfte stehen unter Aufsicht des Staates. Private Regale sind im Wege der Gesetzgebung auf den Staat zu überführen.

Artikel 156. Das Reich kann durch Gesetz, unbeschadet der Entschädigung, in sinngemäßer Anwendung der für Enteignung geltenden Bestimmungen, für die Vergesellschaftung geeignete private wirtschaftliche Unternehmungen in Gemeineigentum überführen. Es kann sich selbst, die Länder oder die Gemeinden an der Verwaltung wirtschaftlicher Unternehmungen und Verbände beteiligen oder sich daran in anderer Weise einen bestimmenden Einfluß sichern.

Das Reich kann ferner im Falle dringenden Bedürfnisses zum Zwecke der Gemeinwirtschaft durch Gesetz wirtschaftliche Unternehmungen und Verbände auf der Grundlage der Selbstverwaltung zusammenschließen mit dem Ziele, die Mitwirkung aller schaffenden Volksteile zu sichern, Arbeitgeber und Arbeitnehmer an der Verwaltung zu beteiligen und Erzeugung, Herstellung, Verteilung, Verwendung, Preisgestaltung sowie Ein- und Ausfuhr der Wirtschaftsgüter nach gemeinwirtschaftlichen Grundsätzen zu regeln.

Die Erwerbs- und Wirtschaftsgenossenschaften und deren Vereinigungen sind auf ihr Verlangen unter Berücksichtigung ihrer Verfassung und Eigenart in die Gemeinwirtschaft einzugliedern.

Artikel 157. Die Arbeitskraft steht unter dem besonderen Schutz des Reichs.

Das Reich schafft ein einheitliches Arbeitsrecht.

Artikel 158. Die geistige Arbeit, das Recht der Urheber, der Erfinder und der Künstler genießt den Schutz und die Fürsorge des Reichs.

Den Schöpfungen deutscher Wissenschaft, Kunst und Technik ist durch zwischenstaatliche Vereinbarung auch im Ausland Geltung und Schutz zu verschaffen.

Artikel 159. Die Vereinigungsfreiheit zur Wahrung und

Förderung der Arbeits-und Wirtschaftsbedingungen ist für jedermann und für alle Berufe gewährleistet. Alle Abreden und Maßnahmen, welche diese Freiheit einzuschränken oder zu behindern suchen, sind rechtswidrig.

Artikel 160. Wer in einem Dienst-oder Arbeitsverhältnis als Angestellter oder Arbeiter steht, hat das Recht auf die zur Wahrnehmung staatsbürgerlicher Rechte und, soweit dadurch der Betrieb nicht erheblich geschädigt wird, zur Ausübung ihm übertragener öffentlicher Ehrenämter nötige freie Zeit. Wieweit ihm der Anspruch auf Vergütung erhalten bleibt, bestimmt das Gesetz.

Artikel 161. Zur Erhaltung der Gesundheit und Arbeitsfähigkeit, zum Schutz der Mutterschaft und zur Vorsorge gegen die wirtschaftlichen Folgen von Alter Schwäche und Wechselfällen des Lebens schafft das Reich ein umfassendes Versicherungswesen unter maßgebender Mitwirkung der Versicherten.

Artikel 162. Das Reich tritt für eine zwischenstaatliche Regelung der Rechtsverhältnisse der Arbeiter ein, die für die gesamte arbeitende Klasse der Menschheit ein allgemeines Mindestmaß der sozialen Rechte erstrebt.

Artikel 163. Jeder Deutsche hat unbeschadet seiner persönlichen Freiheit die sittliche Pflicht, seine geistigen und körperlichen Kräfte so zu betätigen, wie es das Wohl der Gesamtheit erfordert.

Jedem Deutschen soll die Möglichkeit gegeben werden,

durch wirtschaftliche Arbeit seinen Unterhalt zu erwerben. So-weit ihm angemessene Arbeitsgelegenheit nicht nachgewiesen werden kann, wird für seinen notwendigen Unterhalt gesorgt. Das Nähere wird durch besondere Reichsgesetze bestimmt.

Artikel 164. Der selbständige Mittelstand in Landwirtschaft, Gewerbe und Handel ist in Gesetzgebung und Verwaltung zu fördern und gegen Überlastung und Aufsaugung zu schützen.

Artikel 165. Die Arbeiter und Angestellten sind dazu be-rufen, gleichberechtigt in Gemeinschaft mit den Unternehmern an der Regelung der Lohn- und Arbeitsbedingungen sowie an der gesamten wirtschaftlichen Entwicklung der produktiven Kräfte mitzuwirken. Die beiderseitigen Organisationen und ihre Verein-barungen werden anerkannt.

Die Arbeiter und Angestellten erhalten zur Wahrnehmung ihrer sozialen und wirtschaftlichen Interessen gesetzliche Ver-tretungen in Betriebsarbeiterräten sowie in nach Wirtschaftsgebieten gegliederten Bezirksarbeiterräten und in einem Reichsarbeiterrat.

Die Bezirksarbeiterräte und der Reichsarbeiterrat treten zur Erfüllung der gesamten wirtschaftlichen Aufgaben und zur Mitwirkung bei der Ausführung der Sozialisierungsgesetze mit den Vertretungen der Unternehmer und sonst beteiligter Volkskreise zu Bezirkswirtschaftsräten und zu einem Reichswirtschaftsrat zusammen. Die Bezirkswirtsc-haftsräte und der Reichswirtschaftsrat sind so zu gestalten, daß alle wichtigen Berufsgruppen entsprechend ihrer wirtschaftlichen und sozialen Bedeutung darin vertreten sind.

Sozialpolitische und wirtschaftspolitische Gesetzentwürfe von grundlegender Bedeutung sollen von der Reichsregierung vor ihrer Einbringung dem Reichswirtschaftsrat zur Begutachtung vorgelegt werden. Der Reichswirtschaftsrat hat das Recht, selbst solche Gesetzesvorlagen zu beantragen. Stimmt ihnen die Reichsregierung nicht zu, so hat sie trotzdem die Vorlage unter Darlegung ihres Standpunkts beim Reichstag einzubringen. Der Reichswirtschaftsrat kann die Vorlage durch eines seiner Mitglieder vor dem Reichstag vertreten lassen.

Den Arbeiter- und Wirtschaftsräten können auf den ihnen überwiesenen Gebieten Kontroll- und Verwaltungsbefugnisse übertragen werden.

Aufbau und Aufgabe der Arbeiter-und Wirtschaftsräte sowie ihr Verhältnis zu anderen sozialen Selbstverwaltungskörpern zu regeln, ist ausschließlich Sache des Reichs.

Übergangs- und Schlußbestimmungen

Artikel 166. Bis zur Errichtung des Reichsverwaltungsgerichts tritt an seine Stelle für die Bildung des Wahlprüfungsgerichts das Reichsgericht.

Artikel 167. Die Bestimmungen des Artikels 18 Abs. 3 bis 6 treten erst zwei Jahre nach Verkündung der Reichsverfassung in

Kraft.

Artikel 168. Bis zum Erlaß des im Artikel 63 vorgesehenen Landesgesetzes, aber höchstens auf die Dauer eines Jahres, können die sämtlichen preußischen Stimmen im Reichsrat von Mitgliedern der Regierung abgegeben werden.

Artikel 169. Der Zeitpunkt des Inkrafttretens der Bestimmung im Artikel 83 Abs. 1 wird durch die Reichsregierung festgesetzt.

Für eine angemessene Übergangszeit kann die Erhebung und Verwaltung der Zölle und Verbrauchssteuern den Ländern auf ihren Wunsch belassen werden.

Artikel 170. Die Post- und Telegraphenverwaltungen Bayerns und Württembergs gehen spätestens am 1. April 1921 auf das Reich über.

Soweit bis zum 1. Oktober 1920 noch keine Verständigung über die Bedingungen der Übernahme erzielt ist, entscheidet der Staatsgerichtshof.

Bis zur Übernahme bleiben die bisherigen Rechte und Pflichten Bayerns und Württembergs in Kraft. Der Post- und Telegraphenverkehr mit den Nachbarstaaten des Auslandes wird jedoch ausschließlich vom Reiche geregelt.

Artikel 171. Die Staatseisenbahnen, Wasserstraßen und Seezeichen gehen spätestens am 1. April 1921 auf das Reich über.

Soweit bis zum 1. Oktober 1920 noch keine Verständigung

über die Bedingungen der Übernahme erzielt ist, entscheidet der Staatsgerichtshof.

Artikel 172. Bis zum Inkrafttreten des Reichsgesetzes über den Staatsgerichtshof übt seine Befugnisse ein Senat von sieben Mitgliedern aus, wovon der Reichstag vier und das Reichsgericht aus seiner Mitte drei wählt. Sein Verfahren regelt er selbst.

Artikel 173. Bis zum Erlaß eines Reichsgesetzes gemäß Artikel 138 bleiben die bisherigen auf Gesetz, Vertrag oder besonderen Rechtstiteln beruhenden Staatsleistungen an die Religionsgesellschaften bestehen.

Artikel 174. Bis zum Erlaß des in Artikel 146 Abs. 2 vorgesehenen Reichsgesetzes bleibt es bei der bestehenden Rechtslage. Das Gesetz hat Gebiete des Reichs, in denen eine nach Bekenntnissen nicht getrennte Schule gesetzlich besteht, besonders zu berücksichtigen.

Artikel 175. Die Bestimmung des Artikel 109 findet keine Anwendung auf Orden und Ehrenzeichen, die für Verdienste in den Kriegsjahren 1914-1919 verliehen werden sollen.

Artikel 176. Alle öffentlichen Beamten und Angehörigen der Wehrmacht sind auf diese Verfassung zu vereidigen. Das Nähere wird durch Verordnung des Reichspräsidenten bestimmt.

Artikel 177. Wo in den bestehenden Gesetzen die Eidesleistung unter Benutzung einer religiösen Eidesform vorgesehen ist, kann die Eidesleistung rechtswirksam auch in der Weise erfol-

gen, daß der Schwörende unter Weglassung der religiösen Eidesform erklärt: "Ich schwöre". Im übrigen bleibt der in den Gesetzen vorgesehene Inhalt des Eides unberührt.

Artikel 178. Die Verfassung des Deutschen Reichs vom 16.
April 1871 und das Gesetz über die vorläufige Reichsgewalt vom
10. Februar 1919 sind aufgehoben.

Die übrigen Gesetze und Verordnungen des Reichs bleiben in
Kraft, soweit ihnen diese Verfassung nicht entgegensteht. Die
Bestimmungen des am 28. Juni 1919 in Versailles unterzeichneten
Friedensvertragswerden durch die Verfassung nicht berührt.

Anordnungen der Behörden, die auf Grund bisheriger Gesetze in rechtsgültiger Weise getroffen waren, behalten ihre
Gültigkeit bis zur Aufhebung im Wege anderweitiger Anordnung
oder Gesetzgebung.

Artikel 179. Soweit in Gesetzen oder Verordnungen auf
Vorschriften und Einrichtungen verwiesen ist, die durch diese
Verfassung aufgehoben sind, treten an ihre Stelle die entsprechenden Vorschriften und Einrichtungen dieser Verfassung. Insbesondere treten an die Stelle der Nationalversammlung der Reichstag, an die Stelle des Staatenausschusses der Reichsrat, an die
Stelle des auf Grund des Gesetzes über die vorläufige Reichsgewalt gewählten Reichspräsidenten der auf Grund dieser Verfassung gewählte Reichspräsident.

Die nach den bisherigen Vorschriften dem Staatenausschuß

zustehende Befugnis zum Erlaß von Verordnungen geht auf die Reichsregierung über; sie bedarf zum Erlaß der Verordnungen der Zustimmung des Reichsrats nach Maßgabe dieser Verfassung.

Artikel 180. Bis zum Zusammentritt des ersten Reichstags gilt die Nationalversammlung als Reichstag. Bis zum Amtsantritt des ersten Reichspräsidenten wird sein Amt von dem auf Grund des Gesetzes über die vorläufige Reichsgewalt gewählten Reichspräsidenten geführt.

Artikel 181. Das deutsche Volk hat durch seine Nationalversammlung diese Verfassung beschlossen und verabschiedet. Sie tritt mit dem Tage ihrer Verkündung in Kraft.

Schwarzburg, den 11. August 1919

Der Reichspräsident

Ebert.

Das Reichsministerium

Bauer, Erzberger, Hermann Müller, Dr. David, Noske,

Schmidt, Schlicke, Giesberts, Dr. Mayer, Dr. Bell.

附录二 德国新共和宪法评*

新宪法要领

吾尝于世界数十国之宪法中，求其可以代表一时代者有三：曰，1787 年之美国宪法；曰，法国第一革命之宪法；曰，德之新宪法。美宪法所代表者，十八世纪盎格鲁撒逊民族之个人主义也；法国宪法所代表者，十九世纪民权自由之精神也；今之德宪法所代表者，则二十世纪社会革命之潮流也。此二十世纪之新宪法，条目盖甚繁赜矣！兹择其要点六者论之。

（一）德国建国基础之改造

凡国于今世者，各有其建国基础。英之建国于英吉兰、苏格兰、阿尔兰三者联合之上；法之建国于四十州之上；吾之建国于五族共和之上；此皆所谓建国基础也。德意志之统一，成于俾士麦之手。其所谓联邦者，则畸形之联邦也。盖以普鲁士为主体，而其他各邦则附属而已。俾氏所以构成此畸形之联邦者，以普鲁士王兼德意志皇帝，一也；普鲁士在上院中有十七票之投票权，故各邦咸

* 选自张君劢：《德国社会民主政象记》，商务印书馆 1922 年版，第 66—120 页。

仰其鼻息，二也；普之领土人口，占全帝国五分之三，铁道遍于全国，各邦中苟有反抗之者，反掌之间，可以使之屈服，三也。此三者乃普之所以统一德意志，而德意志之建国基础于是乎在焉。俾氏方略，专图普鲁士地位之巩固，而普鲁士外非所问。故同为德意志之民族，而华离破碎之小邦，至二十余计。其至小者人口不及五十万，方里不及百里，是否有独立之必要，是否适于执行政治，固不暇问焉。抑不仅不问而已，各邦中有以保其特权沾沾自喜者，俾氏概乐应之。如巴扬有其本邦邮政票、本邦军制，皆自此各邦分裂之精神而出者也。此次革命告成，各邦尽易君主而为共和，于是全国异口同声曰，所谓普鲁士、巴扬、撒逊、威顿堡，此皆君主时代各私其土各子其民之所致。自吾德意志人民视之，则同为德国而已，曷贵乎留此分疆划界为哉？疆界既无取乎存留，则各邦所保留之中央行政，如陆军、邮政之类，当然可以奉还中央。质言之，改联邦制而为单一国制是已。再质言之，则联邦之大者如普鲁士，小者如中德意志各邦，当混而为一，按行政上之便宜，重行划分而已。于是乎德意志新宪法之第一问题，则为普鲁士之分割与小邦合并。

德之新宪法起草者，曰柏吕斯博士（Dr. Preuss），其于德新宪法之成立，例之日本，则伊藤博文也；例之美国，则哈米尔顿、占花臣也。彼为主倡普鲁士分割说之一人，以为必如此乃能一反俾士麦之所为，使畸形之联邦，进而为平等之结合；使君主之分裂，进而为民族之统一。且保守党所恃为活动之根据者，普鲁士也，普而化合于各邦之中，则复辟之祸，可以不至发生；国际上之所指目者，则普鲁士之军国主义也，普而消纳于各国之中，则四年来各国所诟病

者,可以失其目标。柏吕斯氏既抱此主义,于是于其宪法草案中设为规定曰:

德国内各邦为构成有能力之大邦起见,得以其土地之一部或全部互相合并。其方法如下:

(一)过小之地方区域,与其本邦之余外区域,无地方的或生计的关系者,应与其接壤之邦合并。

(二)过小之地方区域,其与接壤之邦之生计关系,较之本邦为密者,应与其接壤之邦合并。

(三)过小之邦,无重要之生计上之理由须保持其独立者,应与其接壤之邦合并。第三邦之土地,与应合并之邦,立于有密接之地方的或生计的关系者,亦应划入于合并地段之中。

所谓以全部相合者,即合小于一大,或合众小而为一大也。以一部相合者,即割大者之一部,以合于小者也。第三邦之土地亦得划入合并地段者,两小相合而应需之土地不足,则割大者之土地以补足之也。柏吕斯氏所举之原则如是,而其进行方法,先由各邦自相协商,而中央不加干涉,一也。协商而不成立,则中央按变更宪法顺序之法律以解决之,二也。(以上详原草案第十五条)

柏吕斯氏之草案既成,先以提示各邦代表。(正月二十四日)各邦代表大反对之,曰:诚如此规定,德意志失其为联邦国之性质,各邦夷而为郡县;且普鲁士而分割,则德意志失其中流砥柱之国,不特无益,而且有害。盖各邦割据观念之强固,犹昔日焉,其所以主张保全普鲁士者,非爱普鲁士也,所以求自保而已。于是此第十五条之规定,卒不获通过于联邦代表会议。

及乎三月宪法会议开会,其委员会中讨论最激烈之问题,即为此事。就各党大概形势论之,赞成分割者则社会民主党、民主党、中央党也;反对分割者,则保守党、自由党及出席之各邦代表是也。反对者不必论矣,即其赞成者亦复意见不一。甲曰大小各邦,可由中央随意分合。乙曰分合固可,但须得各邦之同意。夫曰得各邦之同意,则中央无处置之法,虽规定犹不规定也。其后卒以十六票对十四票之多数,得以下之解决,即新宪法第十八条之规定也(提案与第十八条文字略有异同,精神则一):

> 宗国划分为州,应注重关系地人民之意志,以发展其生计上文化上之能事为目的。(原文[Reich]沿昔日帝国之旧名,今以帝字已不适用故改宗字)
>
> 新州之建设与各州区域之变更,由于分割或合并来者,如关系地人民自行要求或全国利益必需时,得以宗国法律行之。
>
> 人民之意志以有选举权之居民之投票定之。居民之投票,由有选举权之居民四分之一要求之,由政府发令执行之。

由以上条文而判解之,则此问题之归结处,德国内不以各邦疆界为定形,中央可按法律分之合之,一也;关系之州而自行同意时,或关系地之人民自行要求时,可以单纯之宗国法律行之,二也;关系之州而不同意,或关系地之人民不出于自行要求时,则以变更宪法之方法行之(全体议员三分之二出席,出席议员三分之二赞成),三也(详新宪法第十八条);此问题俟新宪法公布满二年后行之,四也。此四者之总纲领,尤在民意。民意而以为然也,虽将一切联邦重行分合可也;民意而不以为然也,则犹是大小悬绝之邦,杂然并处于一国之中而已。夫民意所在,足以定各邦之分合,虽谓德意志之今后,已在联邦国与统一国之过渡中可也。是不谓为德国宪法上绝大变更,不可得焉。

抑大小邦之所以须分合者,无非削大邦如普鲁士者之权,以强固中央而已;无非杀大邦如普鲁士之土地,使全国大小邦之区域均等而已。所以达此强固中央、均等区域之目的者,又不仅在普鲁士问题及小邦问题,尚有其他方法在焉。所谓其他方法者如下:

(一)普王既消灭,德皇亦因而消灭,德普之新宪法,德总统与普鲁士总统离而为二。故昔日普王因兼德皇所生之权力,如统帅权之类,完全移归德总统。

(二)新宪法中不列举各邦之名,且对于邦字,废去不用,而改称之曰州(Länder),是所以明示其可分可合。

(三)在联邦参议院中一州以得一票为原则,但大州中每人口百万,得加多一票,但同一州不得占全体票数五分之二。是普鲁士在上院视旧宪法中有十三票,不同意时即不通过之规定者(普原票额为十七票),相去悬绝。

(四)中央行政权之扩张:(a)各邦无陆军权,所有陆军咸直隶于宗国陆军总长之下；(b)巴扬、威顿堡之邮政权，移归中央；(c)巴扬等派遣公使及领事之权自今废止；(d)各邦所恃为大财源之铁道以及水利，尽为中央行政；(e)各邦税源，可由中央任意（但以顾全各邦生存能力为限）指定为中央财源。

（五）中央立法权之扩张。旧宪法第四条所举为中央立法权者十六项，今新宪法所举为中央立法权者，第六款共计七项，第七款共计二十项，第九款计二项，第十款计五项，第十一款计五项。故即以数字观之，由十六项而增至三十九项。且此各款中尤有一种特色，为旧宪法所无者。第六款之七项，曰中央独有之立法权，而各州不得行使焉。第七款之二十项，中央尚未行使其立法权时，各邦可行使之，一经中央行使后，则各州即不得从而触犯之。至于第十、第十一款，原属之各州立法，中央为规定其大原则，尤为各联邦国中所罕见。

自以上五者观之，中央权力之膨涨，彰彰较著矣。吾以为邦字之改为州，立法权之由十六而三十九，犹其小焉者。若夫实权所在，而关系一国之命脉者，无过陆军、交通、财政三者，而此三者已由各邦（未实行者独交通一项）次第移归中央矣。诚如是，即令大小邦之合并，未能即日施行，而中央权力之视往昔增进者，已不啻数倍。故吾以为德新宪法所表现之最著者，莫统一精神若矣。

或者曰，方今盎格鲁撒逊民族之国，北美合众国也，加拿大也，澳洲也，南非洲也，乃至统一之英国合三岛而为联邦之说，盛倡于朝野也；若德者非撒逊民族乎？奈何改已成之联邦而趋于统一乎？是非与世界大势相背矣乎？曰不然。德意志民族之华离破碎，垂数百年之久，至十九世纪而统一之业，始告成功。然同一民族之中，南北不相容，普巴日相倾轧，皆各邦私土与民之习惯有以限之也。今也十余邦之君主，如秋风落叶一夜而尽，则全国之分合，当然以生计上文化上之便宜为行政区域划分之标准。盖自是始由君主之同盟（见旧宪法第一段），进而为真正之民族的统一，是为德意志民族建国之进步而非退步明矣。且所谓区域之划分者，所以使大者不得过大，小者不得过小，则各地可以各自独立，不至以过小之故，并施政之能力而无之。是所以为各地自治计，而非为中央集权计也。呜呼！吾国民，当知世界大共和国，无不植基于地方自治之上。惟地方事业条理井然，举其荦荦大者以归于中央，故全国之相使，若身之使臂，臂之使指。若并一省一府一县之事不能自理，而举以责望中央，则不特鞭长莫及已焉。官僚政治遍于全国，而人民政治才能，何由发展？此所以望读者勿以吾所云统一精神与中央集权混为一谈，且望读者于德国中央政治外，注意德国之地方自治基础。若夫本论，以范围所限，不再词费矣。

（二）中央行政立法机关及政治枢纽

国家政治之行也，不能无机关；有机关，不能无相互之关系；有相互之关系，而政治枢纽于是乎出焉。譬之英之内阁，出于议会之多数党，两党更迭，以组织内阁，故议会政治，英政治之枢纽焉。法总统居于高拱无为之地，政治实权，决于内阁与议会，故小党联合以兴扑内阁，法政治之枢纽焉。美行三权分立之制，立法预算权决于国会之委员会，执行权由民选之总统主持之，故行政立法之对抗，乃美国政治之枢纽焉。此外若日本之元老政治，吾国之军阀横行无忌,则又中日两国之政治枢纽焉。吾自此义以观察德宪法,德总统之地位与美同乎,与法同乎? 抑不同于法美而别出心裁欤? 德内阁之地位,与英法同乎,与美同乎? 抑不同于英法美而别出心裁欤? 今举总统、内阁、宗国议会、宗国参议院四者之规定,且继此而推论之。

甲、总统

一、总统由全体国民选举。(宪法四十一条)

二、总统任期七年。(四十三条)

三、总统当任期未满时,得由国会三分之二提出动议,经国民投票决定,使之去职。国民投票而不以议会动议为然,则总统留任,议会解散。(四十三条)

四、总统任命内阁。(五十三条)

五、总统统帅陆海军。(四十七条)

六、凡应交国民公决之法案,由总统定之。(七十三条等)

七、总统得解散议会,关于同一问题,以一次为限。(二十五条)

乙、内阁

一、内阁以总理及阁员组织之,阁员由总理推荐。(五十三条)

二、大政方针由内阁决定,总统核准。(五十五条)

三、大政方针之责任,由总理对议会负之,各部事务之责任由各部总长负之。(此条与英法之联带责任有别)(五十六条)

四、议会对于总理阁员为不信任投票之决议时,总理及阁员应即辞职。(五十四条)

丙、宗国议会

一、宗国议会由普通选举法选举之,男女咸有选举被选举权。

二、议员任期四年。（二十三条）

三、议会每年自行集会。（二十四条）

四、议会得提出令总统去职之动议，并得控告总统阁员于国务法庭。（五十九条）

五、议会得对于总理阁员为不信任投票。（五十四条）

六、议会经五分之一之议员动议时，设调查委员会，调查一切行政。（三十四条）

七、议会在开会闭会期内设常任外交委员会。（此外关于法律预算等为各国所同，兹不赘）

丁、宗国参议院（即昔之联邦参议院）

一、德宪法采一院制，故参议院地位，与他国之上院不同。

二、参议院以各邦代表组织之。（六十条）

三、参议院对于法律行政无绝对决定权。（六十八条明言法律但由宗国议会议决）

四、政府提出法律案时，需有参议院同意。但参议院不同意时，政府亦可提出。（六十九条）

五、宗国议会所议决之法律，参议院有诘难权。参议院诘难之后，总统应再提出该法律于议会。议会对于原法律以三分之二多数通过时，原法律由总统在三月以内公布或交国民公决。原法律提出时，议院及参议院双方协议不调，又无三分之二多数之通过，由总统限三月内将双方意见不同处提交国民公决。当总统不提交国民公决时，此项法律作为不成立。（七十四条）

六、内阁应随时将行政报告参议院。（六十三条）

世界共和国之总统凡有三制。瑞士为七人委员会，而以一人为之长。此适于中立之小国如瑞士，而不可行于政务繁重之大国如德国者，故非德之所应取法不待论矣。余外二国之总统，如美制，则总统由民选，而与议会对立，分行政立法之责，是名总统制；如法制，则国会由国民选出，而总统由国会选出，故总统与国民无直接关系。且美总统自为内阁总理，而法则总统外别有对国会负责之内阁总理，故总统居于不负责任之地，而实权操诸内阁，是名内阁制。虽然，德人曰：国家之设总统，非欲其尸位已焉，非欲其作装饰品焉；议会所为之得失，总统应有判断之能；内阁之更迭，总统又有黜陟之权。若是者非求总统地位之强固不可，欲求其地位强固，非有国民为后盾不可。此总统由全体国民选举之规定所由来也。自此点论之，德总统之地位，与美同，与法异。然总统虽由民选，不自当内阁之冲，一切行政有内阁以负其责。故自此点论之，德总统之地位，又与法同而与美异。如是，德总统盖调和法美二制而出者也。德宪法起草者柏吕斯氏尝释之曰："议会政治之下，以民选之总统为中心，兼收二者之长，而去其弊，此吾立法之宗旨也。"柏氏此言，足以道破此问题之精神而无余蕴矣！

　　世界共和国之政府，因总统制与内阁制之异同，又生两类。在总统制之国，阁员为总统之僚属，奉行总统之令而已，如美国务卿是也。在内阁制之国，则大政方针，由内阁得议会之同意以主持之，而总统不与焉，如英法之政党内阁是也。此二者之优劣，久有定论。如美之制，内阁与议会分离，二者不相联络，故预算数目，议会可以意为增减，而政府无奈之何；且使政府与议会多数派之所属党派相反，二者之冲突，尤易发生。证美之上院，其和会条约通过之难，可以见矣。反之如英法之政党内阁，议会之多数派，入为内阁,故政府之方针,即为议会之方针,即有冲突,则有内阁更迭与夫议会解散之法以救济之。惟如是,今政党内阁之制,已遍全世界;其行国务卿之制者,独美而已。德于此二制之中,所尝心摹而力追者,亦曰政党内阁。盖当帝政时代,所谓负责之阁员,只宰相一人而已。而宰相之负责,又不过宪法上之空文而已,议会非能黜陟进退之也。数十年来,各党力争之而不能得,今革命告成,其不以此制为陈旧,乃奉为至宝,而推行之,亦人情之常焉。且政党内阁之制,当其为多数党焉,则置身政府,而自当政治之冲;当其为少数党焉,则居于议会而立于反对批评之地位。如是忽而政府忽而议会,不至以坐言之故,绝不知起行之困难。其于养成国民之政治常识、政治能力,无有过此者。此又柏吕斯博士所以采政党内阁之理由。且谓所以矫德人驰骛于理想之失,而求一政治教育之利器,莫此若焉。抑德之议会政治,与英法异。英法之大政,决于议会之多数。议会多数以为然者,则无他种驾而上之之力量,可以从而变更之。故可名之曰绝对的议会政治。德则不然,凡议会多数所议决之法律,总统可以提交国民公决(七十三条),此对于议会政治之限制,发于总统者也。国民可以要求将某项法律,提交国民公决,此对于议会政治之限制,发于国民者也。议会少数(三分之一)派可要求将多数所议决之法律延期公布(七十二条),延期公布后,则国民可要求将此项法律提交国民公决(七十三条),此对于议会政治之限制,发于议会自身者也。夫德人既采议会政治,而所以限制之者如是,其用意安在欤?曰议会者,国民之在定期以内之代表而已,非能无往而不代表民意焉。德宪法中之根本精神,曰国民主权,而行使此国民主权者有二机关:曰议会,曰总统。二者皆由民选而出者也。议会之所为，自以为能代表民意，总统可反对之曰，此非真正民意也。既已反对之，则其最终之解决，亦曰还问之国民而已。此议会之议决，总统所以能提交国民投票者，其根据在此也。反之总统所为，自以为能代表民意，议会可反对之曰，此非真正民意也。既已反对之，则其最终解决，亦曰还问之国民而已。此则议会所以能提出动议，令总统去职，且将此问题由国民投票决定也。如是，德内阁之基础，厥在议会政治。然议会政治之后，尚有最后之主人翁，是曰国民。故谓德意志全宪法之精神在国民的议会政治（Volksparlamentarismus）可焉！

世界共和国之议会，大抵采两院制。美则有元老院与众议院，法亦有元老院与众议院。法之元老院出于地方议会议员所组织之选举会，美之元老院为各州代表。至于两国之众议院皆出于民选者也。虽然，所谓两院者，凡以代表民意而已。下院之组织，究用何种选举法，乃能普及选举之权于全体人民，而不至为一部分人所垄断，此一事也。上院之性质，与下院之代表人民者迥异。其权限应如何规定，然后代表人民之下院之权利，不至为其所妨害，此又一事也。德宪法之所以解决此二事者，以言下院，其旧选举法，本属普通选举，与闻选政之人民，原较英法为广。今兹所改，则男女同有选举被选举权，一也；实行比例选举法，使少数者不至向隅，二也；选举以休息日行之，使劳动者不至以工作故而放弃选举，三也。如是，新旧国会之组织，虽谓为无绝大更张可焉。以言上院，则民选议会外，应否有设置第二院之必要乎？即曰设置，则其权限应如何规定乎？昔之德联邦参议院，以各邦政府所委代表组织之。凡提出于下院之法案，须先得各邦代表之同意。参议院内设有种种委员院，以干预行政。故名为联邦参议院，实则各邦之联合政府焉。以此等上院，驾于帝国议会之上，故民意反居于各邦君主代表之下；且以宰相提出之法案，须先经上院之同意，则宰相责任，有上院为之分担。故上院反为责任政府、议会政府之妨害物矣。且观之他国两院关系，预算先议权操之下院，下院之预算权，上院绝少否认之权。英国之制下院连两次通过之财政法案，上院不得否决。盖尝解散议会两次，诉诸国民，而终以确定此权利者也。夫德国旧上院之妨害国会若此，他国之缩减上院权限如彼，然德人之何去何从？不待烦言而决，曰一院制是已，虽然，以德之国体与旧日参议院之地位，欲令各邦绝对不与闻立法行政，乃势之所不可能。于是设一上院。但畀以反对下院所议法案之权，以矫正下院失于偏激之病，如是而已。质言之，关于立法权限，两院绝非同等，且政府所负责任，独对下院负之。此盖英国宪政上最近之经验，而德且以宪法明文规定之者也。

吾之所以解释德国行政立法机关之性质者如是，然尚未及于各机关有因权限而相竞之情况焉。譬之有某事焉，议会以为如是，而总统以为如彼，二者之所见相反，于是总统得以此项议案，提交国民公决（七十三条）。当此时也，总统势不能擅自发令，必须有人为之副署。然辅弼总统之内阁，出于议会之多数派，将副署总统之命令乎？抑不副署总统之命令乎？如曰副署，是与议会之多数党歧而为二。如曰不副署，则妨害总统宪法上应有之权利。此吾之所不能无疑者一也。总统必欲发此令，而现内阁不副署，则惟有去旧阁员而易新阁员。然旧阁员既出于多数派，则新阁员又有何道以构成其多数？新阁员无道以构成其多数，则内阁终无由成，副署者终无人。此吾之所不能无疑者又一也。即曰新内阁勉强成立，总统命令得发布矣。使国民公决之结果，对于新内阁而赞成，则总统之判断，正足以代表民意，斯无论矣。反是者，公决之结果，反对新内阁，是对于内阁为直接之不信任，对于总统为间接之不信任，则于总统地位利乎不利乎？此吾所不能无疑者又一也。自议会反对总统之关系言之，总统所为，议会不以为然者，可以三分之二之动议，提出总统去职问题，而交国民投票。当此去职投票尚未揭晓时，总统仍居总统地位，惟不得行使职务（四十三条），此总统去职之动议，以法律问题为动机乎？抑以政治问题为动机乎？天下万国未闻有不满任期，而可临时提出去职动议者，此吾所不能无疑者又一也。及乎投票揭晓，民意与议会反对，则总统留任，其任期与新选者同，而议会解散。夫议会三分之二既已深恶痛绝，必使之去职，其人之不利于众口可知，乃反有全体人民从而一致表示挽留之意者，尤为寻常理想所想像不及，此吾不能无疑者又一也。且议会动议以后，则有国民投票命令，内阁而副署之，是与议会通谋，以推翻总统也。内阁而不副署之，则与议会相反对，于是有总统去职问题外，同时有内阁更迭问题。一时之间，枝节横生，此吾所不能无疑者又一也。要之，自上各端观之，总统之可以反对议会，议会之可以反对总统，皆由于两机关同发源于民选之所致。惟其同发源于民选，故各以民意为口实，而可以成此两不相下之局。其为良欤，不良欤？非验之实际，殆无由判断矣。故吾以为德新宪法中最使吾怀疑者，莫此为甚。语有之："物莫能两大。"故一国之负责者，当然只有一机关。内阁负责，则总统不负责；总统负责，则内阁不负责。今欲使内阁与总统同时负责，而各以发挥其所长，吾恐利未呈而害先见。柏吕斯氏云，兼法美两制之长而去其短，然耶否耶？吾殆未之敢信也。或者曰如君所言，德宪法而发生危机者，其必在此矣。应之曰，制度之利害，有可以条文推定者，有不可以条文推定者。他日德总统所以行使其否认议会法案而提交国民公决之权利，如吾上所云云者，则危险在所不免；反是者，总统之行使此权利，限之于全国舆论纷纷集矢于议会之日，则总统所为，不特不遭国民反对，必且为国民所欢迎。议会虽有反对总统之权，亦莫奈总统何。诚如是，此制且为天下万国所取法可焉。吾之所以推论之者如是，愿与吾国民拭目俟之。

（三）直接民主政治

如上所云，总统以国民公决为反对议会之具，则政治上之冲突，或不能免。若夫国民公决之自身，则直接民主政治精义所寄，而凡为共和国者所当采取者也。德国新宪法中关于国民公决之规定如下。

（一）议会议决之一切法律，总统认为应提交国民公决者，得限一月内决定提交之。（七十三条第一项）

（二）法律案经议会少数派要求延期公布，而有选举权之人民之二十分之一（德选民为四千万，二十分之一为二百万人）要求提交国民公决时，则总统应提交之。（七十二条、七十三条第三项）

（三）财政法预算案总统认为应提交国民公决者。（七十三条第四项）

（四）议会议决之法律，经参议院诘难时，总统应再提交议会。

提交之后，议会以三分之二之多数再通过时，则总统在三月以内或公布该法律或提交国民公决。如双方协议不调，又无三分之二之多数通过，则总统在三月以内将双方意见不同之处，提交国民公决。（七十四条第三项）

（五）有选举权人民十分之一（四百万人）发动，提出某项法律案之采用问题时，经议会将原案通过，别无国民公决之必要。反是者由总统提交国民公决。（七十三条第三项）

（六）由有选举权之人民发动，提出宪法变更问题，则国民公决时，以有选举权人民多数之同意为条件。

（七）议会反对参议院，而为宪法之变更议决，如参议院在两星期内要求提交国民公决时，总统不得将此项宪法公布。

以上各条，吾且按国民公决产生地之瑞士之制而略疏解之。瑞士有所谓国民提议者（Initiative），联邦政府，经国民五万人之提议，要求修正宪法，则应提出宪法修正条文，交国民公决。各州中关于寻常立法及宪法修正，经若干人（各州之数不等）之提议，应将所提议者，或条文或原则，交国民公决。今德宪法准选民十分之一，为提议之举，以德国现时选民四千万计之，则有四百万人备有法案而向政府提议者，除议会自行照原案采用外，则政府应提此案以付国民公决。瑞士曰国民提议，德人曰国民要求，二者名异而实一也。瑞士各小州，其立法也，往往集全体公民而询之。若是者立法在人民而不在代议机关。反之，有代议机关者，其所议法律，经若干人联署要求提交"列孚伦度"者（Referendum，公决之意），则政府提出之，是曰任意的"列孚伦度"。反是者，不经若干人联署之要求而亦应提交者，是曰强制的"列孚伦度"。大抵中央及各州之宪法修正均采强制的"列孚伦度"。至于普通立法之"列孚伦度"，有属任意，有属强制，不一律也。如德宪法七十三条第一项之规定，一切法律之提交国民公决，由总统在一月内定之，则交与不交，属之总统自由。是即任意的"列孚伦度"也。延期公布之法案，经选民二百万要求提交国民公决时，总统应提交之，则总统有不能不交之义务矣，故为强制的"列孚伦度"也。瑞士之制，普通预算，不在提交"列孚伦度"之列。以财政法规乃合全体而成一系统，不能割裂之而采决于国民。故德宪法，亦规定财政法预算案交国民公决否，由总统定之，此即所以限制国民之要求，亦即为不提交"列孚伦度"计也。且法律有须及时公布者，有可缓以岁月者，如赈灾恤民之类，苟经国民公决，然后公布，则有缓不济急之患。故瑞士之制，凡中央法律，非属紧急性质者，有三万公民联署要求提交国民公决，则由政府提交之。换言之，其属紧急者，即不提交也。德人亦仿其制曰，凡法律经议会及参议宣告为紧急者，虽有三分之一之议员要求展期公布者，总统仍得公布之（七十二条）。展限既不可，则因展限而生之国民公决问题，当然不发生（七十三条第二项）矣。又瑞士之宪法修正，以适用强制的"列孚伦度"为原则。德以大国，人口七千万，选民四千万，非瑞士数十万人之比。若一切宪法修正，经国民公决而后定，则宪法修正乃等于不可能之事。故德宪法之修正，原则上权在国会；惟国民有自行提议与公决之权（七十六条），且当参议院与议会关于宪法修正意见不一之日，则以国民公决解决之（七十六条第二项）。吾之所以比较德瑞之制者如是，以言适用范围，德之不如瑞士，不待言焉。

吾闻卢梭之语，民主政治，惟十万人这小共和国乃得行之。卢氏所谓民主,即指直接民主言也。自有卢氏言,直接民主不适于大国之说,成为一般通论。尝考之瑞士政治,乃知卢氏所言,皆瑞士实情。非有瑞士国情,而欲强行瑞士之制,诚戛戛乎其难矣。譬之瑞士二十二州:大州为勃伦,人口为五十万;中州则十余万;小州则数万而已。惟其然也,召集全体人民不假手代议机关而立法焉,是曰直接立法。人民在某项法律未制定时,以三万人之提议,请政府为之制定焉,是曰国民动议。人民在政府制定某法律后,以民意所在未明确者,可请政府提出,交由国民公决焉,是曰"列乎伦度"。凡此三者,以其人口本少,故集之自易,且得三万人之联署,则召全体人口几分之几,自有代表民意之资格,或赞成或反对焉。若夫七千万人口、四千万选民之德国,而欲实行此制,则有数难。

瑞士人口六七十万,以三万人联署,约为二十分之一。德而以此为标准,则选民四千万中当得二百万人之联署。以三万人之联署与二百万人之联署较,其难易相去,不可以道里计,其难一也。欲求此二百万人之数,非经绝大运动不可,则演说也,奔走也,费用浩繁,其难二也。人口既多,投票之繁简,不可同日语,其难三也。人口多,幅员广,甲以为然者,乙反对之,乙以为然者,甲反对之,其非瑞士山谷之民,利害甘苦不相悬绝者之比明矣,其难四也。

以此之故,世界各国虽明知直接民主政治之良,咸有所惮而不敢行,而代议政治,乃若夫天经地义,无敢非之者。然代表政治与政党相缘,政党之蹈常习故,爱私利而妨公益,不独国民病之,即本党领袖之欲毅然有所作为者,无不受其钳制。于是时也,大政治家之有所改革者，舍直接自诉于国民以外，殆无他法。自诉于国民者，不以议会政党为可恃，乃进而自求真正之民意焉。威尔逊之为纽奇西州知事，尝受制于州会反对党之多数。于是以其改革计划直诉于州民而得胜利焉。和约告成，元老院反对威氏政策者居强半，然威尔逊不以上院之反对而气沮，奔走演说，启迪国人，以自知国民之赞成者必居多数焉。不独威氏，英保守党之政治家巴尔福氏，当上院否决权问题鼓噪之日，提倡"列孚伦度"之说，以为舍此而外，无他解决之途。执是而言，可知以政党政治，议会政治之反动，而各国大势之趋于直接民主，灼灼然矣。德之社会民主党之恒言曰："国民以立法之权，委诸议会可焉。然因委诸议会之故，并此而不自行使，此大不可焉。"其意非尽排斥议会政治，曰直接民主党与之并行耳。彼之持此说于国中数十年。此次新宪法委员会成立，社会民主党议员开尔氏（Keil）奉党议提出直接立法之议，各党咸有难色。卒以民主党之调停，设为种种例外，如紧急法、财政法、宪法改正不须提交国民公决之类，于是此议卒以通过。夫以七千万人口之大国，而行直接民主者，殆以德为首矣。然吾信其结果之有良而无恶。何也？政治潮流日趋于民主的，非复少数政党代表、议会代表，所能假名窃号，而自以主人翁自居，则代议会政治以兴者，舍直接民主其奚由哉？

　　且吾国人念之，世界宪法有行断潢绝港的议会主权说，不参以一毫直接民主精神，而因以致大乱者。其国为谁？曰中国是也。夫曰国民提议，曰"列孚伦度"，皆发动于民意者也。议会必有任期，任期满而有选举，亦所以求真正之民意也。故议会之有选举，犹国民提议与"列孚伦度"，非欲以吾之主权，久假于议会而不归也。今也，以一国之宪法，而议会无解散之明文，于是而兴行政部冲突焉，则政府无奈之何。解散之则为违法，不解散之，则冲突无由解决。议会与政府相持不下，而主人翁之国民，则隔岸观火，作袖手人而已。政府嚣嚣然号于众曰，此等议会，惟知作梗而已，舍锄而去之外，殆无他法。议会曰，吾为法定机关，吾为代表民意之主人，舍吾而外，无有能驾而上之者。政府以一国主权者自居，置吾全体人民于不问焉；国会之心理，犹之政府，亦置吾全体人民于不问焉。夫号为共和国，而全体人民，舍商会学会之发一电开一会外，殆无主权的民意表示，是得谓之真民主真共和乎？今且不论其他，若宣战问题，若宪法问题，使吾当日临时约法有诉诸国民之规定，吾信政府与议会之走入极端，不至若是之甚。何也？政府以政府之所见为是，而国会反对之，则政府可解散国会。及乎新国会既成，而政府之方针，其不见容于国会犹昔日焉，则政府必自知其方针之谬，有所惮而不敢为，而两造之冲突，因以解决，何必称兵作乱为哉？更证之和战问题，今云言和者十人而九，而终不得和者，则以除国会外，全体国民无发言权焉。夫国会之议员七八百人耳，吾全体国民，则四万万人也。此四万万一致求和而不足，此七八百人虽少数而人莫如之何。此无他，昔之立约法者，但知议会主体，而不知为直接民主另辟一途径也。诚当日约法中有国民大会之规定，以四万万人全场一致之决议，息争议和，则国会其奈吾民何，军人其奈吾民何？呜呼！吾国民念之，今后新宪法而成者，若犹是此绝对议会主权，而不予吾国民以发言之权利者，吾人当以全力反对之可耳。

抑吾非不知以中国之人口，势难合全国而举行"列孚伦度"。

然吾以为代表民意之范围，务求宽广，不可但限于中央数百人之议员。一省之大，有商会，有农会，有学会，有地方议会。合此数者以构成一选举会，则其代表民意，自然较数百议员为真切。绝对的直接民主虽不可行，则相对的直接民主，不过胜于数百议员之所谓民意乎？此则吾所望于后之制宪者，步德国宪法之后，实行直接民主政治，为吾绝乱源，为世界开新局面也。

（四）社会主义及苏维埃

德之社会民主党，奉马克思之说惟谨者也；革命既成，夏特曼氏又以社会主义的共和国（Sozialistische Republik）号于众者也。如是，此次新宪法，与数十年来抱持之社会主义之思想，合耶否耶？其合也，则德之社会革命，可谓已告成功；其不合也，则此次革命，但做了民主二字的文章，而社会二字，尚未到题也。

社会主义之精神安在乎？吾以一言蔽之，则尊社会之公益，而抑个人之私利是矣。惟其然也，故重社会之公道，而限制个人之自由；故废私有财产，而代以社会所有（Sozialisierung）制；故去财产承继而以遗产归之国有；故欲化私人营业而归诸国有。德宪法第五章之生计的生活，社会主义之精神所寄，而此次革命成败所由决也。考其各条之规定，无在非个人自由主义与社会主义之兼容并包。既曰生计生活之秩序以公道为原则，而同时则曰工商之自由，以法律保证之；既承认私有财产矣，而同时则曰为公共利益计，可没收之。今将百五十一条至百五十六条之五条，为之分析如下。

社会主义	个人自由主义
生计生活之秩序，应与公道大原则，人类生存维持之大目的相合。 国家为公共利益计，得本于法律所定，没收私有财产（即原文"公用征收，限于发达公共幸福，有法律根据时方得行之"）。 除另有规定外云者，与相当赔偿之原则相对待，即为不与赔偿计，故留此活动语也。 承继财产内国家之名分，依法律所规定行之。 关于土地之分配及利用，应防止土地权之滥用，并使各家庭咸得有卫生之家宅。 为家宅之需要，为移民耕樵之发展，为农业之发达，可将私人土地所有权征收之（即得没收私有土地）。 无劳费之地价增加，应用之以发达公众利益云云，大抵不出二法：征重税一也；由国家或地方没收之二也。 关于大工业问题，其规定有三：凡适于社会所有之私人营业，收为社会财产，一也；现存之私人营业，由国家地方参与其间，二也；国家对于私人营业认为不适当者，得有抗议权，三也（条文内其他方法云者即指此）。 除前项社会所有及公私共有营业外，国家得将生计的企业，合工主、工人，而创造一种生计自治团体（Wirtschaftliche Selbstverwaltungskörper），其制造、分配、定价、输出入各问题，可依公共生计之原则规定之（第百五十六条第三项）。 生产及消费组合，得依其请求，放弃其单独之营业自由，本公共生计之组织行之。（第百五十六条第三项）	工商业之自由，依宗国法律之规定保证之。（第百五十一条） 生计交通上之契约自由，依法律所规定。（第百五十二条） 私有财产，受宪法上之保护，其内容、其限制，依法律所规定。（第百五十三条） 公用征收除法律有特种规定外，应予以相当之报酬（赔偿）。（第百五十三条） 承继权，依民法之规定保证之。（第百五十四条） 土地私有制未废。（第百五十五条） 没收方法，依第百五十三条所定。（第百五十五条） （同前第百五十五条） 私人营业未废。（第百五十六条）

　　自百五十七条以下，均关于劳动保护问题，可置勿论。要之，就土地及工业国有两大问题言之，则其所得结果，土地私有并未废弃。然设为种种制限，如人人应有卫生之家宅（欧洲各大市咸患家

宅缺少,故家宅为近时各国之大问题),一也;地价增加,不应由地主独享其利,应移之以利公众,二也;地上权如矿权之类,废止之而移诸国家,三也。若夫大工业之社会所有问题,则其方法有三。化私人财产(Privateigentum)而为社会财产(Sozialeigentum;Gemeineigentum),是为纯粹之社会营业(Sozialbetrieb),一也;托拉斯等之大企业,足以妨害公众利益者,然国家又不欲收为己有,得参与其管理,是为公私共有或私有公督之营业(Staatliche Betailigung an Privatwirtschaft),二也;其有非国有、非国家所欲参与之私人营业,关于定价等事国家认为不当者,得设法限制之,三也。以此三者犹为未足,于是国家又得以生计的营业,合工人、工主,而组织生计的自治团体,或曰职业的自治团体(berufliche Selbstverwaltungskörper)。盖于百六十五条所规定之横的分配之生计会议外(以地方为本位),更设为此纵的(职业的)分配之生计自治组织。凡以使生计的自治组织(wirtschaftliche Selbstverwaltung)日趋于完全,与政治的自治组织相辅以行耳。国有与私有营业之处置如是,然尚有第三种组织,即非私有资本主义之企业,亦非社会之所公有,是曰组合。组合之起,原为对抗大工业,故不在应废止之列。然当生计的自治组织发达之日,则此组合之性质尚不合于社会的营业之精神,故改之为公共生计之组织(生产者、劳动者、消费者三阶级共同管理之)。要在使其与全体组织相应,而以完成此公道之生计秩序而已(国有与社会所有,其精神各异。国有者,由政府所有而管理之耳;社会所有者,其企业属诸社会,故合工主、工人、消费者,三阶级而共同管理之。上文中所用国有字样,以其为习用之语故仍之。德宪法中但有社会所有〔Sozialisierung；Vergesellschaftung]字样，故国有二字，当作为社会所有解之）。

俄蓝宁①政府成立之前，所谓社会革命者，但有生计的条件，则土地与生产机关国有是矣。俄蓝宁政府成立之后，所谓社会革命者，又生政治的条件，则苏维埃政治组织是矣。苏维埃者，译言"会议"，俄政府之地方议会、中央国会之总名也。其选举被选举权，以劳动阶级为主体，故其为议员、为国务员者，舍贫民阶级外，无他阶级焉。是名曰贫民独裁，而苏维埃者，则此贫民独裁之统治机关焉。蓝宁辈之意，以为社会革命初成之日，苟以政治大权，与全国人共之，不由一阶级独操，则财产私有制之废，必无由施行，而社会革命，必受种种牵制。故一阶级独占政权之苏维埃，彼亦知其不能久存（见俄苏维埃宪法七十九条），不过以为处此过渡时代，不得已而为之耳。德之革命，继蓝宁政府而起。革命之主体厥为兵工会议，临时政府自称曰人民委员会议（Rat der Volks-beauftragten），其取法俄制，显然可见。当其临时政府之始成，社会民主党之独立派，主张以兵工会议为代议机关，而多数派则主张速召集国民会议。两派以交让之结果，成为协定两条：曰政治大权属之兵工会议；曰国民会议（即宪法会议）之召集，俟革命状态巩固之日，再讨论之。由此协定观之，可知当其革命之始，已伏有两种潮流：甲欲以苏维埃之制施之德国；乙则守立宪政治之常轨，欲废兵工会议，而代以国民会议。因此两思潮之异，而后来无数难关，由之以起矣。

――――――――――

①　即列宁。

12月以降(德革命成立为11月9日),全国兵工会议成立,独立派与多数派,各以其赞成反对之说诉之兵工,苏维埃之说败,而国民会议之说胜。于是政府定日举行总选举。斯巴达哥同盟(视独立派尤为极端),反对国民会议尤力者也,以口舌争之而不胜,乃有去年一月之暴动,其领袖黎勃克尼氏被逮,死焉。此国民会议召集前,苏维埃与议会孰取孰舍之争也。国民会议既开,政府提出其宪法草案,关于兵工会议,无一字提及。于是正月31日之全国兵工会议,指摘政府,谓为有意保持资本家之实权,而压制劳动阶级。政府固执己见,不稍让步,至3月间,兵工会议决议全国同盟罢工,是为三月暴动。政府及威玛之国民会议,屈于民意,始有承认苏维埃之宣言。此国民会议召集后苏维埃应否以宪法规定之争也。政府追加宪法草案条文,即今百六十五条是也。此条之劳工会议三:曰工厂劳工会议(前译营业会议,取原文[Betriebstrat]意也。然营业以工厂为单位,故改译今名);曰地方劳工会议;曰全国劳工会议。以此劳工会议合之其他阶级,乃以组织生计会议,为政府关于社会生计法案之咨询机关。条文既公表,独立派又从而抨击之曰,诚如是,则工主之辅助机关耳,政府之辅助机关耳,远非吾辈以劳工会议为工业管理、为立法代表之初旨焉。今宪法成,政府原条文通过矣,然此问题之争执,则至今未了。此国民会议开会后苏维埃在宪法中应如何规定之争也。如是,此一事也,谓为德革命以来政治法制上第一大问题可焉。何也?正月、三月这两次罢工、两次流血,皆由之而起,而今后税驾何所,正未易测也。

百六十五条之要旨,承认劳工与工主之平等,双方得结团体,以协定工价、劳动条件,及其他生产力发展问题;而劳工阶级又得互选代表,为公法上之代表机关,曰工厂劳工会议,曰地方劳工会议,曰全国劳工会议。此三项会议之目的,厥在保持劳工阶级之生计的社会的利益。如厂中作业之安全,家宅之合于卫生与否,皆得由劳动会议议决,要求工主或地方当局为之改良。以此劳工会议,合之工主或其他阶级,则组织地方生计会议与全国生计会议。此生计会议之目的,在参与社会所有法之施行与其他生计的职掌。此则已非劳工本身问题,而全国生产政策问题矣;已非为他人所驱使,乃与工主立于同等地位,而戮力于生计的自治团体矣。虽然,尚有一问题焉。使此劳工会议与生计会议,仅在本团体内指天画地,而曾不能影响于国家之立法,则虽有此宪法上之地位,犹之无益焉。于是更有两种规定:一曰,政府提出社会政策、生计政策法案于国会之先,应提示本会议,咨询其意见;二曰,本会议自有提出法案于议会之权,并得派遣代表于国会以说明其提案之宗旨。如是,虽谓政治的代议机关而外,又多以工业的代议机关可焉。夫以本条文与俄蓝宁政府之立法较,则关于工业国有、工厂管理以及工人参与立法,其范围之广狭、进行之顿渐,自不可同日语矣。广狭诚有之,顿渐诚有之,要其不以奴隶待劳动者,而欲进之于主人翁之地位,则与俄政府固无二致焉。若是者,曰生计的自治;曰工业的民主(industrial democracy);曰阶级平等。

德政府之苦心经营若是,资本主义与劳动保护,调剂平衡若是,庶几足以餍天下人民之望乎?曰是不然。人类之进化无止境,故人生之改造亦无止境。当1917年前之社会民主党,所奉为党纲者,则依立宪之轨道,以实行社会主义,如是而已。及见夫蓝宁政府既成,旦夕之间,政权则由劳动阶级独占矣,一切工业则归诸劳动者手矣,于是德之社会民主党裂而为二:其守平日党纲者,则多数派是也;其欲步趋俄国者,则独立派是也。此两派之分,原不自俄国革命始,惟自俄革命后,两派之泾渭益复分明,在临时政府与国民会议中,无不立于反对之地位,其相处若政敌,不啻五十年来社会民主党与旧政府之不两立。其所以然者,则关于社会主义,关于苏维埃问题,与多数派之主张异焉。独立派以在国民会议与宪法委员会中为少数,其主张多不获通过。自去年三月以降,此派之正式党纲,既已公布。今录其宣言之一部,可以见其对于此二问题之主张与现行宪法之异同矣。

自 1918 年 11 月,革命主义之兵工占有国权。兵工之权力未臻巩固,资本家之阶级主权依然存在,于是右派社会党(按:以其议席在独立派之右,故名曰右派社会党)与资产阶级相联合而置吾贫民利益于不顾。

资本主义之社会组织之下,其所谓民主的法律条文者,乃舞文弄法之语耳。夫有政治的自由,而生计的自由,不能与之相辅而行,则所谓民主者,决非真民主。方今右派社会党,为保全资本家之利益计,乃提倡所谓混合生计的企业说(Gemischtwirtschaft),即有所谓收为社会所有者,亦但置之共同监督之下。若是者,非吾党所希望之真正的社会所有。

苏维埃制度者,贫民革命之机关也。其在临时,可以合工厂之工人于苏维埃中,而从事于革命;其在平时,则以苏维埃为根据,而施行一工厂、一地方、一国家之自治行政。故欲改造资本主义之社会组织而为社会主义之社会组织,舍此末由。

独立社会民主党本以上理由,于其党纲中所特别标举者有二:

第一条　以苏维埃规定于宪法中。立法,地方国家行政,以及工厂,均应由苏维埃参与之。

第二条　资本主义之企业,应从速收为社会所有。其即应着手者,为矿业,为原动力发生业(电气水力),为已集中之钢铁业,为银行保险业,及其他大工业。大地主之田产及大森林应收为社会产业。大市内之土地,收为地方团体之产业。市内房屋由各市自行建造。

独立派之此种激进主张,何为而来耶? 如曰为政治之目的也,则非吾之所知;如曰为法律上之目的也,则在现行宪法下,仅有改革之余地。百五十六条之根据具在,电气国有法案已提出矣,煤矿国有案已设会调查矣,如以为未足,则要求推广之耳,此一法也。鼓动舆论,求多数于国会,能以改正宪法,此二法也(第七十六条)。即曰不得多数于国会,则尚有国民提议之一途。凡法案由全国选民十分之一提出,经议会通过后,即可成为法律(第七十三条第三项),此三法也。如是,诚依立法上之手段,则独立派社会所有与苏维埃之计划,又何患不能达。此则德宪法弹性力之丰富,所以为各国所莫能及者也。虽然,考之独立派与多数派之相仇,与夫欧洲一般之空气,则立法上之手段,若已为激进社会党所不惜道者,此吾所以谓德国社会革命尚不能因此新宪法,谓为已告解决也。

（五）宗教及教育制度之大原则

欧洲各国政教之关系，可分三时代：其一曰神权政权混一时代，中世纪之以罗马教皇统一全欧是也；宗教革命后，政权离神权而独立，然各国均设国教，以国家权力为宗教之后盾，是为第二时代；自各国社会运动勃兴，以为宗教者纯属之个人良心之自由，不容国家有所爱憎取舍于其间，于是倡政教绝对分离之说，是为第三时代。此一问题，在西欧尊教排教者，出主入奴，日为剧烈之争论，而与吾国则渺不相涉，故但举其宪法上规定要点，其反对之说，不复深论焉。

一、德意志全国之内不得立国教。

二、天主教与耶稣教之两大教会，由会员结合为宗教团体（Religionsgesellschaft）。

三、其他人生观之修养团体（譬之非神论）亦得享宗教团体之权利。

四、教会官职之任命，不经国家预闻（昔日耶稣教为国都教职，均由德皇任命）。

五、基于法律契约上国家对于教会之补助费，一概停止。（以上第百三十七、三十八两条）

六、学校内之宗教科目，由教习及学生家族自行决定。

吾闻之，德社会民主党员郭克氏（Dr. Quarck）（宪法委员会会员）之言，真正之政教分离，当将天主、耶稣两教会与游戏俱乐部等，由同志自相结合，集资维持，有暇则会合而讲习焉。若名为宗教团体，而假以公法人之权利，则已非政教分离之本旨矣。盖依新宪法百三十七条第五款之规定,宗教团体享有公法人之权利,得根据国家收税册而征税租。如是,教会权力,其异于国家地方者几何? 郭氏又云,军队之中有宗教(第百四十一条),学校之中有宗教,谓教会脱离国家之权力可,谓国家脱离教会之权力不可。如是,可知德之不慊于政教分离之现状者固不乏其人焉。

吾尝求之德新宪法,其创法立制,足以副思想界革命之名,而奠人类平等之基础者,其惟德新教育制度乎? 兹先举其规定,继论其精神。

一、德意志全国实行一般义务教育制。

二、国民小学八年。国民小学毕业,入续习学校至十八岁止。

三、国民小学及续习学校之教育、教材概不收费。(以上第百四十五条)

四、全国学校,应以有机体有系统之方法编制之。以国民小学为共同基础,推而上之,则为中学、为高等学校。

五、学校收取学生,应以天性趋向为标准,不应以父母生计的社会的地位为标准。

六、凡贫不能自给,有志受中学及高等教育者,由国家、地方以公款补助之。(以上第百四十六条)

七、特种小学校废止之。(第百四十七条第三款)

德国义务教育之良,世所共称也。普法之役,说者谓为小学教师之功,非疆场名将之功,其原因盖在此焉。虽然,教育诚普及矣,然德之国民教育之种类,极不齐一。有所谓国民学校(Volksschule),有所谓特种小学,有所谓中学(Mittelschule),有所谓新式实科中学(Reform-real-gymnasium),有所谓旧式实科中学。德之义务教育为八年,自七岁以至十四岁止,凡一般农工之子弟,十人而八九,入国民学校。年限凡八,故分八班。人数多,教员程度寻常,故贫无力者入之,以了此八年之义务而已。其豪商大贾与夫世家之子弟,大抵入特种小学校(Vorschule),自七岁以至九岁为止。毕业后则入中学。亦有中学之中,自办特种小学者,则特种小学与中学联为一气。此类特种小学与中学,均注重外国语及理化等科目。故各大学之学生,大抵取材于此,而入国民学校之农工子弟势难与之竞争。抑富族世家多以贫者之子弟衣履褴褛,蓬首垢面,不愿其子弟与之为伍,以染其恶习。故此两种国民教育之学校中,俨存一种阶级:一则上流社会入之;一则下流社会入之。而平日之学绩,则入国民学校者远不如入其他小学中学者。故他日受大学教育之机会,非可同日语。此新宪法所以有以国民小学为共同基础之语,并废特种小学云者,盖欲一切国民入同种之国民小学,而不容有阶级之分也。同种国民小学之入学期,有云六年,有云八年,今尚无定论。在此入学期中,由教员察其性质志趣,定其他日所学与造就。其有天才绝特者,可蹴级而升,以速其成才。故德谚谓"禀赋殊特者之选拔"(Aufstieg der Begabten),或曰"为才智者辟自由途径"(Freie Bahn jedem Tüchtigen)。各教育家反对此论者,不乏其人。以选拔之方,难得标准,且以教员一时之判断,定一人一生之升沉,则影响于一国人才非浅鲜焉。要之,德政府不欲以富贫阶级之悬绝,致有人才之遗弃,则其新宪法所谓学生入学以天性趣向为标准,不以生计的社会的地位为标准之意,而免除学费之所由来也。国民小学毕业,有应受中学教育,有应受高等或大学教育;同为中学教育,有应习手艺者,有应习文书者;同为高等或大学教育,有应习理化者,有应习文哲学者;皆应有相当学校与之直接联络,庶不至以无学校可入或转学困难而至于废学。此德宪法所谓以有机体、有系统之方法,编制学制之意也。如是,一切国民入同种小学也,是为一种学校;受教与人才之成就,不以贫富而异也,是以才不才为一种标准;大中小学校应互相联络也,是为一线相系属之学校。合此三种理想,乃成一种学制。此单一学制(Einheits-schule)之名所由来也。此则最近之德国教育潮流,而新宪法以一一采之矣。吾闻之,有驳社会主义之语曰:公等主张废土地私有财产私有,以为如是乃可达人类平等之理想;抑知一国之内,必有总统,必有政府,必有扫地者,必有担粪者,公等能去富贫之别,而不能去总统、政府、扫地者、担粪者之别,则所谓平等者,未见其为真平等也。于是社会主义者起而答曰:吾有法在,是曰单一学制。夫好为总统、政府以为人上,而不甘于扫地、担粪以居人下,此情之常也。然其人本不乐为扫地、担粪者,徒以童时教育限之,社会阶级限之,使其不得为总统、政府以发挥其志愿,此社会之罪而非其人之罪也。若夫童时既与以相当之教育,彼之所能造就,不特不妨害之,又从而助长之,能如是,而犹终其身于扫地、担粪之贱役,而不能自致于总统、政府,此其人之罪,而社会可无责矣(此就比较义言之,若夫扫地、担粪之劳工与总统、政府之劳工价值如何又另为一事)。此吾所以谓德之新教育制度,足以副思想界革命之名,而奠人类平等之基础者也。

　　敢告国人,当昔之教育之未普及也,则强以入学义务,使人人具有至小限度之智识,是为第一时代;今焉既普及矣,则陶治于同种之小学,平均其受教之机会,使贫富贵残咸得有自由发展之途,

是为第二时代。今世界将由第一时代而入第二时代矣,而吾国第
一时代之事业已实行否乎?吾国第二时代之事业已有人发动乎?
抑第一第二时代之事业,有并行不悖之法乎?彼德人于大战之余,
物力凋残,而教育界之日新月异若此,吾之优游东亚,劳逸相去何
如?谓为国家无款,谓为民力不逮,直不为而已,非不能也。

（六）军制

数十年来,社会民主党之所反对者,非军阀乎?非军国主义
乎?非世界之侵略政策乎?今革命成功矣,宪法制定矣,若之何而
排除此专制派君主派之旧军人,以奠新共和万年有道之基?若之
何而编成新军队,使军与民不至分成两截而徒供军阀之利用?若
之何而尽分军权政权之界限,使军人不得干预对内对外之政治?
若之何而世界共同裁兵,以实现其国际主义之理想?凡此者当吾
手新宪法一册,未开卷前,先已默念,以为德之社会党,对此数事,
必与吾以相当之解决。及首位循诵,所得者仅聊聊三四行,与吾所
希望大相剌谬。呜呼!此果何为而然耶?

第四十七条　宗国总统统帅全国海陆军。

第七十九条　国防事务专属诸宗国。德国国民之军制,
按照各地居民情况,由宗国法律,以统一之方法规定之。

第百三十三条第二项　当兵义务以宗国兵役法规定之。
此项兵役法中,为履行军队职务,并保持军队纪律起见,并得
规定个人根本权利上所受之限制。并应规定关于军队所属人
员为执行。

　　盖自巴黎和会之初开，法之对德政策，曰分裂其帝国，使成小邦众建之局；曰割其数十年来战争所占领之土地还诸旧主，以弱其势；曰占领莱茵河左岸。而其尤要之一端，则限制军备是也。以为必如是，乃能使德失其对外之武力。言乎合约，则有实行之保障；言乎其他外交，则惟有唯唯听命于协商。如是，德之军力，已非德之所能自决，乃由协商国为之支配。换言之，已非宪法问题，而条约问题矣。

　　协商国之所以能以限制军备强德国者，初非绝无根据。其根据为何？则威尔逊十四条是矣。威氏十四条之第四条曰，应提出相当保证，限制军备于最小限度，使其仅足保国内治安而止。而舞文弄法之外交家、公法家乃根据此条文，提出佛塞和约第五部五条之要求，曰"吾之为此，非限制德国也，乃为世界共同裁兵之预备也"（此为条约原文之语）。呜呼！威氏原文，其为单方的裁兵乎？抑为全世界之裁兵乎？明眼人自能知之，无待吾之烦言矣。

　　佛塞和约关于德国军备之规定，举其要点如下：

　　一、德国军力，合兵卒将校，不得超过十万人。

　　二、此十万人编为步兵七师，马兵三师。合此步马兵，只准编为二军团。

　　三、军团本部人员，将校三十人，兵卒百五十人。步兵一师人数，将校四百十人，兵卒一万八百三十人。马兵一师人数，将校二百七十五人，兵卒五千二百五十人。

　　四、德国应保有之军械：来福枪八万四千枝，骑兵枪一万八千枝，重机关枪七百九十二枝，轻机关枪一千一百三十四枝，中等壕沟炮六十三尊，轻壕沟炮一百八十九尊，野战炮七〇点七口径二百另四尊,野战炮一○点五口径八十四尊。超于此规定数之军械,应交于协商国。

五、德国应废强制兵役,采用自由招募制。

六、兵卒服役,应继续至十二年之久,士官之现役年限应为二十五年。

七、德国不得有动员计划。

八、德国除养成以上所规定之将校之军事学校外,一切军事学校,概废止之。

九、教育机关、大学、其他体育团体内,不得施军事教育。

协商国之所以为此者,为裁兵也,为世界和平也,此其宗旨非不光明而正大也。虽然,吾尝思之,此军国主义问题,由国民自决之为能持久乎? 抑由国际条约解决之为能持久乎? 由国民自决,则1914年以前英美人民疾首痛心于强制征兵是也;由条约解决,则1806年拿破仑之限制普鲁士军额其前车也。大抵共和政治之下,民权发达,苟非国际形势之逼迫,则一国人民自不乐于此强制兵役,而常与军阀处于不两立之地位。英美两国之民意,所以居于最高主权者之地位,而无军阀干政之患者,即以此也。若夫条约解决,拿破仑故尝以此施之于普,占领其疆域,限其军备不得超四万二千人。于是普创为更番服役之制,卒收通国皆兵之效。及拿翁败于墨司哥,普举兵相抗,其出兵之数十倍于拿翁之所限制。昔人所谓弊每起于智虑之所不及,正谓是也。以今日协商国既限其兵数,夺其军械,其计算诚精密矣! 安知十年二十年之后,欧洲政局大变,国际离合,发生新现象,则普之以待拿破仑者待法国,亦意中事,而裁兵之效安在耶? 而世界和平安在耶?

或者以为德地处中欧,百年以来,以军事为立国大方针,若不加限制,而听其所至,又安知其有裁兵之一日?又安知其能有处置军阀之一日?吾以为不然。社会民主党之裁兵具体计划,诚非吾之所知,然其不满意于普鲁士之军政,则彼之以此号于国中者,固数十年矣。社会民主党1891年爱尔福政纲第一部第三项,一曰全国人民各授以负荷兵役义务之教育,意谓人之乐于卫国,乃发于天性之自然,不需国家之强制。法国当大革命时,以素不训练之人民,而能抵抗外敌者,是其明证。故所当注意者,则青年时代之身心发达。一旦有事,自可驱之以战。二曰废常备军,而代以国民军。意谓今日之兵,固出于民,然兵之在一国中,自为风气,受三四年之机械教育,步趋进退,一一绳之以法,于是而所谓军队者,但为君主政府护身之符,而非以保民者也。若欲革之,莫若采瑞士国民军之制,人人有当兵之义务。然一年中讲习之日,不过数月,故兵与民之生活不至隔绝,兵与民之情感不至扞格。如是乃能保民,乃能卫国。此吾证其三十年前之政纲,而知其有改革军制之决心者一也。当德皇威廉二世,自知革命之将起,而帝位之不保也,于是有麦克司公爵内阁之组织,议员并得列席于阁员,所以示政府与国会联络之意也。然当时关于和战权及军事统帅权之规定,有改革案二;曰宣战媾和须得议会之同意;曰海陆军官之任免,须经首相之副署。其所以限制君主者如此。夫谓社会党能得此于德皇,而不要求之于共和政府,有是理乎?此吾证其革命前之行为,而知其有改革军制之决心者二也。及乎新宪法既成,宪法委员会会员郭克氏有语云:"关于国防问题,仅有第七十九条属诸宗国云云之语,以平和条约既有规定,无取骈枝也。虽然,此种单方规定,虽极端之社会党,不能不在反对之列,何也? 既限之以至少之额,复强以施行募兵制,而协商国之庞大之军备自若,不仅不减已焉,反以所得于德者,从而充实之。如是,即至赞成国际裁兵者,其能无不平之语乎? 且吾德既革此专制君主制矣,则以民主精神,施之吾军政,是当然之事也。协商国何不令吾自为之,而必以条约相强乎?"此吾证其宪法会议会员之言,而知其有改革军制之决心者三也。吾之所以缕缕言此者,非为德人辩护也,凡以证裁兵而限于一国,不特不能得平和,徒以兹乱源,且彼社会民主党之所以必为此者,非为英法也,非为世界也,乃自为计耳。改此奴隶军队而为国民军队,改此军阀政治而为国民政治,改此军阀外交而为国民外交,夫而后此民主政治,此社会革命,乃能久存。如是,彼之所以自为计,而世界平和之真源已伏于其中矣。乃协商国见不及此,以钞袭拿翁之旧文章为得计,致令德宪法中少此国民的精神之军制之色彩,而世界军阀政治因得藉此为藏身之固。呜呼! 岂徒德人之恨,抑亦世界人民之公恨也!

结　论

或曰子评德新宪法竟矣,请语我以此新宪法中吾国所应学者安在? 曰德共和成立,而有新宪法,吾所应学者,亦曰学其有宪法,斯可耳。或者曰,仅有宪法,而不问其美恶可乎? 曰,吾见夫求有宪法,已属不易,又安敢论美恶? 宪法之所以能成者非他,乃国民统一的意思之表示焉。今南与南分,北与北分,党中有党,派中有派,则统一的意思,何由表现? 吾诚恐海枯石烂,而中国宪法无一日而能成立也。如是欲学德意志者，当学其交让之精神，和衷共济之精神。

同一宪法也，内阁制也，总统制也，议会立法也，国民投票也，分权也，集权也，——兼容并包，而有以神其用。资本家也，劳动家也，苏维埃也，非苏维埃也，私人企业也，社会所有也，尊宗教也，排宗教也，各得分愿，而限之以相当之范围。呜呼！立法家之技能至此，吾惟有叹观止矣！譬之操舟者，出入峡滩，所触即死，故左右轻重，量而后动，夫而后在此险阻之中，乃能求生还之路。以德国党派，平日本处于不相容之地，而国民性质，又好为分析研究，虽一字之微，在所必争，故以立法家处此，过者裁之，不及者进之，非能洞见政治隐微、熟于操纵法律文字者，殆不易言此也。自此义以言，国民交让精神固可贵，立法家之智识，所系亦非浅鲜。不有拿破仑，法国民法何以称焉？不有哈米尔顿、占花臣，美之分合，未可知焉。如是，欲学德意志者，当学其立法家之度量与智识。

诸君以为此百数十条之宪法，乃1918年革命之结果乎？非也；乃世界大战之结果乎？非也。有拉萨尔、马克思提倡于先；有勃勃尔、黎勃克尼奔走于后；有无数仁人义士为之后先疏附，虽触刑纲而不悔，乃以造成此有宗旨有纪律之团体，去君主，去军阀，如摧枯拉朽。如是，彼之所以得有今日，其种子实伏于数十年之前。语有之："临渊羡鱼，不如退而结网。"宪法者鱼也，社会民主党之奋斗，则结网之功也。若徒羡其得鱼之易，而忘其结网之苦，又未足与语学德意志者也。呜呼！吾志立矣！吾心决矣！凡世界政治社会改革，无不始于一二人之心力，百折不回，以与旧社会斗，而终至于光辉灿烂之一日。有昔日之托尔斯泰，乃有今日之蓝宁，有昔之马克思，乃有今日之爱勃脱（Ebert）。吾侪切勿求速效，切勿问他日之收获，待之十年，二十年，三十年，四十年，五十年，再与此旧社会旧政体较短长度得失可焉。此则以某之不肖，窃愿追随国人之后，以自效于此二十世纪社会民主主义之革命潮流者也。

附录三　德国革命记[*]

绪　论

　　革专制而为共和，此国人之所望也。共和成而国基安定，此尤国人之所望也。今有国焉，其革命大业之成，后于吾者六七载。而国家机关之改造与其根本大法，半载之间，既已粲然具备。吾于是默念曰：吾中国其尚有此一日乎？其竟无此一日乎？此吾读德之新宪法而感不绝于余心者也。

　　宪法云者，非其条文字句之可贵，乃宪法背后成立要素之可贵。宪法背后成立之要素为何？曰：民意机关和衷共济之精神是已。甲党曰如此，乙党曰如彼，争而能让，则宪法成。争而两不相下，则宪法终无能成之日。故德国宪法之告成，即其各党意思表示一致之结果也。吾于是默念曰：吾中国其尚有此一日乎？其竟无此一日乎？此吾读德之新宪法而感不绝于余心者也。

　　院内各党交让之精神，诚不可少。而院外特殊势力之态度，尤关紧要。昔之君主派与军人派，苟以一念之私，不利议宪机关之所为。始也争之以口舌，继也移为武力之争。若是者国且不国，遑论

　　[*]　选自张君劢：《新德国社会民主政象记》，商务印书馆1922年版，第1—65页。

宪法。故德国宪法之告成,即其全国国民与夫特殊势力拥护国体服从法律之所表现也。吾于是默念曰:吾中国其尚有此一日乎?其竟无此一日乎?此吾读德之新宪法而感不绝于余心者也。

德国宪法成立之大本如此。以云条文,则百八十一条中千言万语,而精神不外六端。君主之制既废,普鲁士之地位,降而与各邦等,且以民意为前提。中央得将各州疆域重行分划。故与美宪法或其他联邦宪法以邦为固定单位者不同,是曰单一国制与联邦国制之调和。法为责任内阁制,故实权在内阁,而总统徒拥虚号。美为总统制,故实权在总统,而国务卿等于僚属。今德之宪法,内阁虽以议会多数党组织,然总统之选出,不由国会而由人民。故大政方针,取决于总理与总统之同意。至于法律案,虽经政府提出议会议决者,总统尚有是非可否之权,并得以之直诉于人民。是曰总统制与责任内阁制之调和。近世以来,议会为民意机关之说,已若定论。然以议会为代表民意可也,以议会为即民意不可也。指议会为民意,则议会流为专制。而真正之民意反处于虚位。于是各国有采国民投票之制以矫其弊者。今德宪法于议会之外,规定国民要求(Volksbegehren)与国民公决二者,亦即此意也。是曰代表民主制与直接民主制之调和。俄国苏维埃政府,以劳工会议为一国之独裁者。与百年来代议政治之容许资产阶级代表者,正相反对。德之革命,成于苏维埃势力全盛之日。时德之持共产主义说者,以为宜废议会而采俄制。然社会民主党之大多数咸反对之。曰议会为各种利益之代表,非一阶级所得而私,故于议会之外,规定劳动者会议。凡关于社会政策之法律,政府先咨之此项会议,而此项会议并得提出法案于议会。盖劳动者会议之为宪法所承认。

并有出席会议陈述意见之权者,实以德为嚆矢矣。是曰苏维埃政治与代议政治之调和。(详见宪法一六五条)十九世纪以来之生计,社会组织,以个人自由竞争为原则。富者流为极富,贫者降为赤贫。于是有一反其说者,是曰社会主义。凡土地及重要生产之具,概归国有,使富者无所得私,而贫者得享同等之人类幸福。今德之柄政者,数十年来以社会主义号于国中。故议宪之初,议者窃恐其走于极端。而今所规定者,无一而非平和中正。个人自由与私有财产之大原则,明白承认。惟关于土地及大生产事业,限于公共利益所关。则国家得根据法律,行使其收归国有。与俄苏维埃政府之出于强制者迥不侔矣。是曰个人自由主义与社会主义之调和。今欧美各国之所大苦者曰罢工。罢工者,凡同职业之工人,结为团体。有不满意时,则提出条件于工主,而以全体停止工作相要挟也。如是罢工之所以起,则有二因。一曰由于工人有团体,二曰工人要求容喙于劳动条件。昔之欧美各国绝对禁止工人组织团体,以为无团体,则条件之要求,自然归于无力。近数十年来,各国知绝对禁止之法,已不可得施。于是相率承认工人组合。遇有争议时,则召集工主工人联合会议以图解决。然明认工人工主两团体之平等地位,且合之于一堂,以参与一切社会法规,则舍德国宪法外,吾未之见焉。是曰劳工阶级与资本阶级之调和,此六端中,前四者吾名之曰政治条件,后二者吾名之曰社会生计条件。关于政治条件,德与英法美无绝大异同,惟不以议会为惟一主权机关。而以国民公决为最终解决之地,此德国宪法上直接民主精神,而英法所不逮者也。以云社会生计条件,则英法宪法中向无此等规定。彼工党方力争之而尚未能得者,此德国宪法上社会革命之精神,而英法所不逮者也。吾自十九世纪之经过，推二十世纪未来之局，昔焉以法国为政治革命之先驱，而全欧转相效法。则今后各国所取则者，其在社会革命之先驱之德国乎。抑吾尚有一言告吾国人者。去年十一月德革命告成，正德军一败涂地之日。强邻压境，国威扫地，非吾六七年来外交之局所能同日语也。海口封锁，民困饥馑，非吾六七年来民食情况所能同日语也。过激主义遍于国中。日图以苏维埃政治施之德国，又非吾六七年来政党情状所能同日语也。乃自革命而临时政府，而选举，而国民议会，而临时总统，而内阁成立。至一九一九年八月，则百数十条之根本大法又告成功。吾所不能得于十余年之间者，而彼乃能得之于七八月之间。此吾所以愿吾国民将德国第一期之共和建设史书万遍读万遍也。

（一）十九世纪初叶之共和主义

十九世纪之初叶，德之民族统一运动勃兴于全国。其民间持论凡分二派，一曰以君主主义达统一之目的，一曰以共和主义达统一之目的。持君主主义者派别不一，而要以奉戴普鲁士王室之说为有力；持共和主义者派别亦不一，而要以民族统一之基础，不以属于各邦之王室，而属于全体之国民为有力。千八百五十年后，俾士麦相普鲁士，挟雷霆万钧之威，卒收三战三捷之功，而统一之局由普鲁士而定。于是君主主义成，而共和主义败。虽然，败则败矣，谓当时之共和主义非风靡一时。不可得焉，抑不仅当时而已。五十年来社会民主党，传其衣钵，鼓吹方法之隐显。虽稍有异同，然其坚持不变，则数十年如一日。如是德意志之共和主义，自十九世纪迄今，固未尝一日中断焉。此则革命共和之所由以成功也。

俾士麦固持君主主义而建大功者也,然其回忆录中开宗明义,自述其少年时代思想之变迁之言曰:

> 余受当时之普通教育,以千八百三十二年卒业于中学。此时自问固非持共和主义者,然确信世间最合理之政体,莫共和若焉。
>
> 侪辈之成人者,接膝谈心之际,每于某王某帝大肆诋毁,不遗余力,以是之故。其萦绕吾心目间者,则有一问题曰,数百万人之性命,果以何因缘,乃至受独夫之支配欤?

自维也纳会议后,德意志民族之各邦间,有所谓联盟会议(Diet),名为联盟,实为奥普争长相雄之地,与民族统一之义无当焉。时民间志士不满于此联盟,乃于千八百四十八年五月得各邦之同意召集所谓福兰克福脱国民会议(Frankfurt National Assembly)。普奥政府均遣代表与议。而为之主动者,实各大学教授也。全体议员凡五百人,分三派,曰君主派,曰共和派,曰调停派。元首问题为讨论之第一事。投票结果,举奥皇弟约翰大公爵为摄政。大公爵虽就职,以不得行其志而去,于是续举普王威廉为德帝,而普王拒不敢受。各邦君主又不利于国民会议,卒以兵力解散之。于是民权的统一运动以终,而君权的统一运动以始。换言之,自千八百四十八年以后,乃俾士麦之事业,而非福兰克福脱国民会议之事业也。此会议虽失败然其共和派之持论,实为今日共和主义之先声。故吾表而出之。以见源流之有自。当元首问题讨论之日。稳和派议员爱国政治诗人乌兰氏(Uhland)之言曰:

"德之政治组织。出于君主的朝代的贵族的方面乎。抑
出于民主的方面乎。吾敢断言其为民主的矣。本与源既为民
主的,则支流与枝叶,亦当然为民主的。以此天然新生之日耳
曼榆树,而点缀以世袭皇帝之鹰巢(指德皇国徽)吾见二者之
不称而已。"

共和派首领罗治(Arnold Ruge)之言曰:

"今所应讨论者,即吾德意志人民应否受治于一主宰者,
或为独立自由之民是已。余侧之议员阿恩特氏 Arndt(德国
爱国诗人)以无主宰为国家之不幸,然美国无主宰之国也,瑞
士无主宰之国也,法兰西方逐其君主(指一八四八年之革命),
亦无主宰之国也。

更进一层言之,吾侪在此一堂者,是否有为国民设立主宰
之权利是已。吾德意志今日曷尝有所谓主宰,其惟一基础,则
国民是已。为国民之代表者,则为此会议。故此会议即共和
之局也。"

自俾氏与二氏之言观之,则当日共和思想浸灌于民间者,可以
想见。乃自国民会议失败以后,普鲁士之霸业,着着成功。于是共
和之说,销声匿迹。独此精神经脱胎换形以后,传于社会民主党。
社会民主党抱此精神而发挥光大之,以奠定今日之共和。故欲知
共和之由来者,不可不知社会民主党之经过。

（二）社会民主党之三时期

世界政党之成立，大抵由一二理想高远之士，以学说启其端。后来者网罗同志，以实行竟其绪，而其间必经世人之非笑，受政府之窘辱。然抱其说者千辛万苦，曾不以一时之毁誉成败动其心，此则各国政党发达之公例。而德之社会民主党亦其一也。吾将其数十年之经过分为三时代论之。

自一八四八年法国二月革命，至一八七一年南北德意志统一，为第一期。

自一八七一年德意志统一，至一八八八年威廉二世即位，为第二期。

自一八八八年威廉二世即位，至一九一四年大战开始，为第三期。

各国社会党之始生，有但注重劳动问题，而以政治为后图者。独德之社会民主党下手之初，即自劳动与政治两方并进。其开山之祖二人，曰拉撒尔（Ferdinand Lassalle），曰马克司（Karl Marx），皆为投身一八四八年革命之人。拉氏被禁锢六月，马氏则窜逐于巴黎伦敦，终其身不得入国门者也。拉氏出狱后，投身自由主义之政党，以社会改革之说号于国中。一八六三年德意志工人大同协会（Universal German Working Men's Association）闭会于刺伯齐（Leipzig），拉氏演说进行方法，以生产组合，救济劳动阶级之困。而生产组合发达之先，非由劳动阶级握政权不可。故应要求普通选举权。是年五月会成，拉氏为会长，演说奔走之勤，遍于全国。各地支会，先后告成。乃不一年而拉氏逝世，以继起乏人，团体中衰。然鼓吹工人之自觉,团结之以成一政团,因以角逐于政治,则拉氏为首功,故至今尊为德国社会主义之祖。马氏居巴黎之日,尝与恩格尔(Friedrich Engels)合草共产主义宣言书(Communist Manifesto)。以唤醒各国劳动者,不分国界,联合抵制资本家为目的。及定居伦敦,著资本论(Das Kapital),各国社会党奉为大经大法,犹耶稣教徒之视圣书,孔教徒之视四书五经也。马氏非徒著作家而实行家也。一八六二年伦敦开万国博览会,各国人士群集。于是有国际劳动协会之成立,马氏为之会长。盖今世界所谓某地某处国际社会党大会者,实以此为嚆矢也。

马氏之徒名黎白克尼(Liebknecht)氏,与马氏通声气,奉其说以传于德。而黎氏又以一八六五年与未来之社会民主党首领勃勃儿氏(Bebel)订交。时勃氏年方二十有五,为劳工会改进会会长也。于是黎勃两氏相携手以组织正式社会民主党。一八六八年拉氏派生产组合开大会于某处,勃氏提出国际社会党政纲。虽为少数者所反对,而勃氏提案卒通过,于是拉氏之说日衰,而马氏之国际主义日盛。次年黎氏勃氏以两人名义召集第一次社会民主党正式大会,出席代表者三百七十二人,所代表工人为二十五万人,开会地为意纯那哈(Eisenach)。决议政治方面生计方面政纲若干条,盖社会民主党党章,以每年公开大会中讨论党纲,为团结内部之一法。一经决定,则人人奉若训条。如有修改必要,则每年于大会中讨论之。此项意纯那哈政纲,奉行垂二十年。至一八九一年而始改订者也。自是而后,社会民主党之规模粗具。第一次北德意联邦国会开会,该党占议席二,即黎氏勃氏也。至一八七四年增为九席。其所得票数在一八七一年为一万二千七百票。至一八七四年为三万四千二百票。其发达之速如此，因此俾士麦忌之，而第二期之反动来矣。

此第一期中，自学说之鼓吹，以至正式成党。吾名之曰社会民主党之培养时期。

自普之胜法。俾氏勋业乃如日中天。而国会中之社会民主党，始焉反对普法之开衅（黎氏），继也扬言于国会。表同情于巴黎之公民党（一八七一年法国革命党最激烈者）。俾氏知社会党之主义与彼帝国政策不两立，欲图所以大挫之，苦于无所借口。忽焉一八七八年德皇威廉一世两遭暗杀，俾氏乃多方鼓动，使国人府怨于社会民主党，于是解散国会，重行选举。保守党大获胜利，自由主义之党派均失败。所谓社会党条例者，以是年十月通过国会。政治上之集会，结社则禁止之，劳动组合则解散之，社会主义书报则禁止出版，社会主义之鼓吹者则驱逐之，监视之，或令其流离失所。且各地方官有宣告部分戒严权。故一切集会出版，得置之于警察监督之下。因此条例，凡八阅月间，工人组合之解散者二百二十二所，定期报纸停止者百二十七种，其他出版物禁止者二百七十八种。而社会党员驱逐出境或下狱者以数千计。即居国内者，亦困顿艰难，致无以自存，至于全党组织之涣散，更无论矣。此项条例本以两年为期。然一八八〇年后，四次提出于国会，要求继续有效，故施行至十年之久。（一八八九年冬为国会所否决）及俾氏去职之日，乃始与之俱去矣。

然俾氏非徒采压迫手段也，又尝行所谓国家社会政策。十余年间，先后修行者，有铁道国有条例，有工主责任条例，有工人受伤保险条例，有疾病保险条例。然彼之为此也，在保守党则视为迎合劳动阶级,在社会党则视为俾氏之小恩小惠,不仅不满意,反从而反对之。如是俾氏之平和手段,既不足以得社会党之欢心,其压迫手段,则驱之以走于极端。一八七九年出亡伦敦之党员宣言,此后方诚不在思想,而在手枪炸弹。一八八三年,有兰因河上谋刺皇室案之发见。骚然不宁者,历有年所。独其党中首领黎氏勃氏据议会之席,从容镇静以行其主义。虽数对簿公廷,而曾无恶声。因是人人起敬。视若宗教之牺牲者,而信从者益众。虽两次选举结果(一八七八年由四九三、三〇〇票降为四三七、一〇〇票,一八八一年由四三七、一〇〇降为三一二、〇〇〇票),稍有挫败,然自一八八四年以至一九一二年之选举,则投票之额,岁有增加。此则十余年间黎勃两氏咬牙切齿以奋斗于专制政治之下,而其党员各行所信百折不回之力,有以致之也。闻之社会党条例初提出之日,有反对者告俾氏曰:吾见社会党之因此条例而蓬勃未有艾也。如是虽谓社会党之有今日,皆俾氏养成之可也。

此第二期,吾名之曰社会民主党之锻炼时期。

威廉二世即位,毅然以与劳动界更始为己任。意谓初政伊始,不当以暴政孤民望也。一八八九年冬旧社会党条例提出于国会,要求继续,已经二读。及窥知皇意,乃于三读中否决之。翌年二月,传令首相俾氏。向各国提议召集世界劳动会议。会议以三月集于柏林,关于儿童青年妇女工作之改良。决议若干条,均为各国次第采用。于是俾氏反对曰:诚如是,所以彰吾之曲而明社会党之直也。吾义不能安于位。其后他种争执继之,而俾氏去位,威廉始政。所行社会政策,有一八八九年之养老疾病保险条例,有一八九〇年之劳动争议解决法,有一八九二年之劳动统计,而天下翕然归心,称之曰劳动皇帝(Labour Emperor)。然社会民主党倔强如故,曾不以政府之俯就,易其常度。且云政府所为,无非曲从吾等,吾等更当本其良心所信,以达最终之目的。盖所要求,不限于劳动,直欲将社会国体之组织,从根本而推翻之也。威廉二世大失所望,自知温和政策之无济,舍步俾氏暴力政策之后,殆无他法,于是以一八九四年、一八九七年、一八九八年,先后提出社会党条例,独保守党赞成之,而自由主义之党派均反对之,故三提出而三否决。且威廉二世常宣言于众曰:"社会民主党,不知有所谓祖国者也,不知有所谓上帝者也,直破坏党而已。吾愿与国民共敌之。"此等言论,与即位之初,如出两人。故终威廉之世,与社会民主党处于不两立之地位。然社会民主党,则自威廉之登位而日益发达。一八九○年选举,所得议席凡三十五,至一九一二年则增为一百二十席,已为德帝国议会中第一大党矣。兹举自一八八一年以后社会民主党投票额数增加表如下。

选举年月	社会民主党 所得票数	全体票数	百分比例(%)
1881	313,000	5,097,800	6.12
1884	550,000	5,663,000	9.68
1887	763,100	7,540,900	10.11
1890	1,472,300	7,228,500	19.74
1893	1,786,700	7,674,000	23.30
1898	2,107,076	7,752,700	27.18
1903	3,010,771	9,495,586	31.71
1907	3,259,000	11,262,800	28.94
1912	4,250,329	12,206,808	34.82

如是在议会之议席，占三分之一，在所投全体票数中亦占三分之一。则其在国中已俨若一敌国，为政府所敬惮，宜焉。且不仅议席票数已也，自办之印刷所百数十种，报纸数百种，党号二百万，支分部遍于国中。以此庞大无伦之党，而上下相维，如身之使臂，臂之使指。当黎白克尼之行葬礼也，（一九〇〇年）同党之执拂者四万五千人，警察干涉之，而此四万余人之群众行所无事，秩序井然不紊，故警察卒无奈之何。而平日党员之列席各种议会者，其言行之一致，步调之整齐，亦犹是焉。故社会民主党纪律之森严，不独德国其他党派所不及，即求之他国，罕见其比。而其所以举革命之业，如摧枯拉朽，正以此也。

此第三期，吾名之曰社会民主党之长育时期。

社会民主党在俾氏与威廉二世时，其经历若此。虽曰黎勃两氏坚忍不拔与党长之服从党纪有以致之，然吾读六十年来德之宪政史，而益信社会党之发达之非无故焉。德名为立宪国，而宰相之进退，与议会无涉，惟皇帝一人得而黜陟之。故视他国之责任内阁远不逮焉。其为保守党中央党自由党者，绝无方针。惟与政府为交易行为，得一利则从而奔走之，失一利则从而反对之。（利者指阶级利益，保守党代表农民，自由党代表资本家，中央党代表天主教。）故赞成反对，初无一定。而政府可以意制造，且其政府外交军事殖民工商诸方针，自外表言之，在在足以震惊世人耳目。自其实际言之，日惟扩张门面，东驰西突，于国家长治久安之基无当焉。以是之故，社会民主党大声疾呼，以要求改革。其属于政治者，则曰真正民主政治之确立；其属于社会生计者，则曰劳动之保护。此则其政纲之两方面也。兹录其一八九一年爱孚脱会议之纲领（Erfurt Programme)，盖自决议后以至革命之日，其同党奉为信条，而以此相号召者也。

爱孚脱会议之政纲

第一　政治类

第一部

一　一般的平等的直接的选举法，无记名投票，年满二十岁之德意志人民，不论男女均有选举权。

二　比例选举法，选举区于每次户口调查后，重行划分。

三　议会任期为两年。

四　选举投票，择法定休息日行之。

五　议员有得公费之权。

六　除对于未成年者外，不得有政治权利之限制。

第二部

七　国民直接立法。（即国民投票）

八　宗国，各邦，各省各地方内之国民自决及自治。

九　官吏民选，官吏应负责任。

十　课税每年应提出议会以求承诺。

第三部

十一　一般的国防义务之教育。

十二　废常备军代以国民军。

十三　宣战议和由国民代表决定。

十四　国际争议以公断法廷解决。

第四部

十五　废止限制言论结社集会自由之一切法律。

第五部

十六　废止限制妇女私权公权之法律。

第六部

十七　宣言宗教为个人自由事项。

十八　废止以国家公款补助宗教或教会。

十九　以教会或宗教团体作为私人结社。

第七部

二十　学校中不应有宗教教育。

二十一　一般国民同入公立小学校。

二十二　公立小学之教课及教育用具，不应收费；高等学校中男女学生适于深造者，由国家补助之。

第八部

二十三　关于司法及诉讼之辅助不应收费。

二十四　法官民选，刑事案件应准上告。

二十五　对于被告被捕被判决之无罪者，与以赔偿。

二十六　死刑废止。

第九部

二十七　医药疗治以及产妇看护不应收费。

二十八　埋葬不应收费。

第十部

二十九　国家支出应取之于累进所得税及财产税。

三十　人人有占计财产之义务。

三十一　承继税，以财产多寡亲族远近定累进之标准。

三十二　间接税、关税，以及其他生计条例。图少数之便利，牺牲一般利益者，概行废止。

第二　社会政策类

第一部

一　全国的国际的劳动保护法应规定五项：

甲　每日工作以八时间为限；

乙　禁止十四岁以下孩童之营利劳动；

丙　禁止夜间工作，但工业之技术上或公共幸福上必要者，不在此限；

丁　每工人每星期内应有三十六小时继续的休息；

戊　禁止以实物付工价。

第二部

二　全国设劳动部，各区设劳动管理员及劳动会议，以监督各种工业，研究并规定城乡劳动关系。

三　工业卫生。

第三部

四　农工及侍役与工厂工人，立于同等法律地位，侍役条例废止之。

第四部

五　工人结社自由。

六　劳动保险，由宗国管理，并令工人参与之。

此政纲三十余条，今十八九已采入新宪法矣。在当日威廉二世之皇权神圣时代，非曰迂阔，则叛党之论耳。故考社会民主党之政策者，不徒在其抽象之政纲，而又在其对于实际问题之态度。实际问题不一，彼等数十年来持之以奋斗于议会者，则有数事。一曰德皇不经阁员之副署，擅自行动，(每日电报谭话事件)首相不对议会而负责任，此其所反对者一也。普鲁士之三级投票，以纳税高下，定每人票权之数。属于第一级者，一人投二百票；属于第二级者，一人投三十票；属于第三级者，一人一票。盖纯为资本阶级计之投票制也，此其所反对者二也。海陆军之扩张，徒以逞霸主之野心，保护资本家工商之利益，此其所反对者三也。马洛哥巴尔干政策，激起俄法恶感，促成世界战祸，此其所反对者四也。蹂躏殖民地人民，驱使之若牛马，(非洲土人问题)此其所反对者五也。军阀干政，人民自由无所保障，此其所反对者六也。德属波兰与夫亚洛两州，不与以平等待遇，自治权利，此其所反对者七也。行保护关税，以厚地主之利而重工人之困，此其所反对者八也。此八者中，社会党之态度，大略尽之矣。而尤要者，则政纲中有宗国自决自治之文，故每年议会三呼德皇万岁之时，同党议员或退席或坐而不起。而社会党员相约不得于现政体之下，列席阁员，(此条自一九一八年后始改)盖皆根于共和主义来也。夫以社会民主党与现政体之不两立若是。其所以未发者，直需时耳。忽焉世界大战起，而战事结果，在在与君主派以不利，而与社会民主党以大利。于是而千载一遇之机来矣。

（三）战期内德国政局及社会民主党之态度

世界各国之社会党，其为政党，与其他之保守党自由党同焉。然有一特异之政策，是曰国际主义。盖社会党所认为世界之厉阶，厥在帝国主义之开疆拓土，资本主义之攘夺权利。欲图所以反抗之，则舍非攻非兵而外末由，此则国际主义之精髓焉。缘是社会党所反对者，厥为侵略。所尤反对者，厥为战争。彼等以平日反对海陆军费与对外扩张之犹不足以绝战事根源焉。尝共同筹议，世界而果有大战起者，所以抵制之惟一方法，实为世界之大同盟罢工。罢工而后，交通机关与海陆兵工厂一概停止，则虽欲战争而不可得矣。此则千九百十四年前英法德之社会党相携手而郑重宣言者也。故当一九一四年七八月战事之将发也，世界各国所属目者，厥为各国之社会党。其罢工以反对战争乎？其拒绝预算以阻止战祸乎？凡此二者无一实现。其执干戈以卫社稷，与其他政党同焉。与其他国民同焉。于是而世之爱平和者，咸对于社会党而大失望，以为此辈徒空言耳。虽然，社会党之不能实践其言者，则自有故。国际主义，必世界各国同时并行，若于一国行，于他国则否。换言之，一罢工而一不罢工，则一方徒受损而于全世界未见其有利焉。抱国际主义者，心目中岂能全无祖国。国际间武力冲突以起，即欲袖手旁观，心何能忍。抑彼等所深恶者则侵略耳。为防御而战，非所反对。然孰防御孰侵略？当时局瞬息万变之日，势又甚难分别。尤有难者，战起之日，国人咸切齿于敌国。有倡罢工之说者，其人必不容于全国。况乎戒严令一颁，即欲提倡罢工，势固有所不可得矣。以此种种，千九百十四年七八月之交，各国军阀志得意满之日，而社会党乃惟有唯唯听命。此则英法俄各国之所同，而德之社会民主党亦不能外是焉。七月之末，德社会民主党遣人至法，商量同盟罢工。其后俄先动员，德社会民主党素疾首于俄之专制主义，方以一致对外为要义。故罢工之说，不久消灭。八月四帝国议会开会之日，社会民主党虽有不担战争爆发之责之宣言，然于战费之通过则一致投票焉，自是以迄于革命。社会民主党（除少数例外）无日不在拥护政府之地位。战事公债通过焉，劳动义务法令通过焉，政府之粮食行政，有求于劳动组合者，则为之分责焉。故社会党之与政府，其亲疏远近，视战前有不可以道里计者。虽然，此表面则然耳，以言内部，则错综复杂情形，非可以一言尽者，兹分两项言之。一曰内治，一曰外交。内治之条目不一，而要以帝国议会治政之施行及普鲁士三级选举法之废止为最要。外交之条目不一，而要以和议提议时期及和议条件之宽严为最要。议会及其以社会民主党而成之多数派，则要求议会政治之施行，而军阀则反对之者也；议会则要求以交让条件向各国及早议和，而军阀则反对之者也。以此两方宗旨之不同，而首相介于二者间，左右为难。其偏于议会也，则以军阀之反对，而不安于位，战期内第一首相培德门花维希是也。其偏于军阀者，则以议会之反对，而不安于其位，战期内第二首相米次勒氏是也。至第三首相之赫德灵氏，其来也，以得议会之后援；其去也，以三级选举法废止案不通过于普鲁士以及蒲尔格里之背盟。总之，不外议会政治及和议二者而已。兹叙三相来去始末，则内治情形略可观矣。

培氏自战起后，以保持国内一致为政策，故所致力者，在求社会民主党之善意态度。

其不满于军阀已非一日。千九百十七年三月俄革命告成，培氏以为德国及普鲁士宪法改革势难延缓。若再踌躇不决，则革命之祸立见。于是言于德皇，提出改革方案凡二：一曰废普鲁士三级选举法而代以普通选举法，二曰设帝国谘议院，以当局及议会各派首领组织之(如日本外交调查会之类)。此二者与普鲁士军阀把持政柄之心,大相刺谬,其为彼等所不喜宜也。是时议会(一九一七年七月)又提所谓交让精神之和议建议案(详后),于是兴登堡元帅及参谋次长罗顿道夫大反对之,以去就相争,且电德皇谓培氏而留者,余等惟有去职。德皇以疆场名将不可轻动,于是留兴氏罗氏而去培氏,是为战期内第一次之首相更造,是军阀之胜而议会之败也。罗氏自著战记,述其对于培氏去职之态度曰:

七月八日(一九一七年),时首相明知敌国抱覆灭吾德之决心,乃对于多数党之和议案,表示同意,且许以德国选举法适用于普鲁士议会(废三级选举法)。如是,无非长敌人气焰而已。(中略)

首相以战胜为不可必得,乃准人昌言交让之和议说。益授敌人以柄。(中略)

威尔逊于美国加入之际,希图离间吾君民,虽议会反对之,而首相默无一言。盖当时君主思想犹蟠结于数百万人心中,而首相绝无拥护之语。徒令人对于吾帝位帝国之义,旦旦执柯而伐之耳。(中略)

政府绝无求战胜之心,因是而三年来赫赫之德人之自信力,以领袖无人之故,日形动摇,战地军心失其后盾。余知在现首相之下,决无再造新局面之希望。此余辞职书之所以上也。(以上见原书三五五页以下)

罗氏是乎?培氏是乎?吾乌得而知之。虽然,证之事后,使培氏言而早实行,则革命之祸或者可免,未可知也。然世界军阀非至山穷水尽之日,决不醒悟,盖东西一辙也。

米次勒氏鞅掌于行政之日久,由民食部次长,一跃而为首相者也。七月十四日就任,至十月十六日而去。德国首相之短命,未有若米氏者也。何以故?以其为军阀所拥护故。米氏始政,对于和议建议案及普鲁士选举法案,率循培氏成规,且阁员中任用中央党自由党数人,虽一意联络,而议会之反对自若。八月间教皇调停和局之移文至德,议会多数派,要求于复文中明言放弃比国之语,而米氏拒之。故二者之不相容,已露端倪。十月海军总长演说于国会,谓七八月间海军之变,由独立社会民主党议员哈实氏(Haase)(社会民主党激进派首领,详下文)等三人所鼓动。社会民主党全体大反之。责米氏不提出证据,而罗织人于罪。且声言非易米氏者,惟有不通过预算,于是米氏乃不能不去矣。此则议会之胜而军阀之败也。罗顿道夫为扶植米氏之一人,故于米氏之去,为鸣不平,非徒为米氏也,为反对议会耳。其言曰:

> 德国内部,日趋险恶。议会与政府之争权,日形显著。所谓议会政治者,政客明目张胆以主张之。首相米次勒因此为所牺牲。消磨日力于政争之中,安有余力以及于战事?(见原书四百十九页)

米氏既不容于议会而去,故继任之赫德灵氏。其内阁阁员强半,均以各党领袖充之。所谓议会中之多数派,除社会民主党外,无不入阁者。社会民主党所以为此,守平日不入内阁之党纲,且对于现国体保持批评之自由也。以此之故，赫氏内阁，虽得多数党之拥护，然不得谓为正式之政党内阁焉。赫氏在职之日，为东方和议结束之日。又以德奥联军战胜意大利，（一九一七年十月）故赫氏内阁之运命，远在米氏上。六月二十四日其外交总长哥尔曼氏演说于议会，有武力胜敌，决不可得之语。罗顿道夫闻而大怒。谓以外交总长而出此言，是不啻自认德之败绩也。政府既已自馁，则疆场将士有何勇气为国效死？于是哥氏去而辛孳氏代之。辛氏为军人，易于投合军阀也。外交总长之易人解决，而普鲁士选举法之废止。历三相而尚未告成者，至是为普鲁士下院正式否决。社会民主党以赫氏不能实践其言，乃反对之。赫氏地位，本已岌岌不可终日。而德军连败之报（一九一八年七八月）沓来，蒲尔格里则单独议和，于是赫氏不能不去。而大权内阁从此告终矣。

此三相之进退，论其地位，则英法之总理耳。英法战时何尝不更迭内阁。则德内阁之更迭，本不足怪。然不知有绝不同者。英法以军政隶民政下，是为民主政治。德以军阀驾民政上，是为军国主义。惟其以军阀驾民政上也，故首相俯从民意之举。而军阀则曰：是示弱于国民，是损皇室之尊严，是使外人知吾之内政必有变。因是为首相者，无一人得其志。虽三易相，而将相之不和自若。此关于内治者也。

且吾读战时德国内议和问题之舆论而深骇焉。议会多数派主张非侵略者也，故有七月交让精神之和议建议案。军阀派亦曰：吾非不欲议和焉，其奈协商国不欲和乎。协商国不欲和而吾日日言和，徒令人窥见吾之不支而已。在战期之内，吾侪局外人聆其言论，以为不和之责，厥在协商而德不与焉；今吾读罗氏战记，乃知德军失利以前,罗氏所议条件,无一非托名固吾边陲而行其侵略之实者也。则其欲罢不能,又安足怪乎?录罗氏言如下:罗氏于一九一七年秋,德奥两政府密商条件时所提出者也:

战起以来,大炮距离日增,飞机使用日广。故吾之边境,虽不能深入法国内地,要当由法割让数里之地,使吾劳伦铁矿得所保障。东方之西兰西亚煤矿区亦然。

比利时尝与德为生计上之联合,不令敌人用为作战根据。佛兰氓种,原属德人,乃受制于他人,是吾德种之耻。故当令其在比国内享独立权利。李爱治一带,非在德比生计联合后,不应抛弃之。(摘录原文四百十五页以下)

东战场上证之一九一四年俄军之侵入,以俄属波兰突入吾境内,使吾边境难于防卫。故自唐济希(Dantzig)至刀尔恩(Thorn)之狭地,应延长之而南,令西兰西亚得一保卫地带。

哥尔兰(Courland)、列修尼亚(Lithuania)合于德。然不必有益于边防,故应将威塞尔(Weisel)河以东、刀尔恩以南,划入德国版图。而交通机关之设置尤为第一要事。

波兰当与德为生计上之联合,如是则德东境之军事上生计上之安全保矣。

德在世界上生计之利益,惟有求之于罗马尼与巴尔干,而原有殖民地当一概交还于德。

以千九百十七年之末,时美已宣战矣。而军阀之所谓议和条件者,法割地,俄割地,比利时与波兰之生计联合云者,联合其名,保护国其实耳。此不得谓为议和，实使协商国俯首就范。靡论协商国无议和之意，即令有之，而和议亦安有成理乎？而社会民主党之主张，正相反对，其言曰：

> 吾党为国际社会主义之代表，故常为平和派之政党。不独吾党也，他国之社会党亦莫不然。吾党所求者，为永久之平和。欲达永久平和之目的，则不得以一民族强制他民族，而世界民族之相与，惟以文化事业相辅助而后可。且惟其力强者。故当率先伸平和之手。以与敌人释嫌修好。（一九一五年哈实在国会之演说）

甲曰，提议和局所以示弱。乙曰，惟其为强者故。故当率先伸平和之手，以此两极端之观念。欲议和则内不一致，欲不议和则坐失机会。纷纷扰扰，亘二年余。至大军失利以还，虽欲乞和而不得，而国论始出于一途，此关于外交者也。

且挟议会政治以与军阀争者，则为社会民主党；在议会外以秘密运动倒军阀者，则为独立社会民主党。自一九一六年后，哈实氏黎勃克尼氏（黎勃克尼之子）与多数同党分离，采拒绝战事预算之方针（一般预算，社会民主党平日向不同意，即战时亦然。战事预算，则社会民主党投同意票，惟一九一六年哈实等采反对之方针）。故社会民主党裂为二：旧党曰社会民主党，新离党者曰独立社会民主党，独立社会民主党专以运动海陆军队为事。黎勃克尼氏尤为政府所忌，以召集令强之入伍，旋以触犯军纪，处囹圄中者二年有余。至麦克司内阁成，始释之而出。德俄讲和以还，俄公使耶夫氏资助独立派，以着手于罢工兵变等事。故革命告成后，独立派领袖兰狄布氏（Ledebour）宣言曰："吾党之苦心经营，二年于兹"。（见罗氏战记三百六十六页）米勒氏（R. Muller）曰："革命准备，着手于一九一六年六月。"罗顿道夫作战记，谓独立派之所为，早已发见于千九百十七年六月（原文三六五页）。而归其责任于首相防止之不力。或者询予曰：独立派以爱共和之故，乃激变军心，以军心激变之故，而德乃不得不败，然则谓独立派爱共和不如爱祖国可焉？应之曰：以专制帝王，驱其民于死地，内部先已不一致，二者之失虽均，而轻重有别。故自此义以观，对于独立派之责备，其亦可以末减矣乎。

呜呼！吾观德国之政局而叹先圣之言之亘古而不磨也。"天时不如地利，地利不如人和。"自古国未有内不一而外能战者也。同一国也，而和战诚之不相容若是；同一国民也，而国体问题意见之不相容又若是；稍一举措，则两方之冲激随之，国而如此，未有不败者，果焉至千九百十八年而形势大变。

（四）一九一八年春间攻势及其影响

国体之成立，自有其历史根据，非经绝大变故不易动摇也，惟战败之后不然。昔俄败于辽阳，而革命起；吾丧三韩台湾，而革新之运动兴；俄于大战之中，连败于德，于是罗曼诺夫皇祚以斩。战败者，革命之所由以伏也。故求德国革命之近因，不可不求之于千九百十八年后之战事。

战起以来，比全境法北十余省为德所占领。俄旧政府倒，新政府俯首乞和。巴尔干意大利方面之战功，赫赫在人耳目。数年来德政府竭尽智能以图之者，厥为和局之成功。然英法诸国始终坚拒，以为非大惩创之。则德人将以力征经营为可恃，故德人屡欲言和，而其计卒不得售。千九百十八年春，俄德和局成。德人自念曰，与其旷日持久，待敌之来攻，而吾终不支，不如吾先发制人，为孤注一掷之举。或者敌人其就吾而乞和。于是是年有西战场春间攻势战略，攻势战略之目标在断英法之联络，驱英军至北海海滨，而后移兵南向以下巴黎。时则美之大军，尚未陈力就列，苟英法而败，则美军虽众，亦无所用之。此德人计划也，乃筹备数月，集大军六十余师，重炮数千，以三月二十一日开始攻英阵线。英军在圣刚登(St. Quentin)以西者，由勒福尔(La fere)而半龙纳(Peroune)，由半龙纳而阿尔勃(Albert)，节节退守，至德军之去亚米央斯(Amiens)，不过数里而已。其至险者，则是月二十五日，英之第三第五两军在塞尔(Serre)方面者，几为德军所截断，其不至陷入重围者几希。英人至今追念往事，谓当日德军战略之未达目的者，相去不过一间耳。二十六日后西战区统帅权统一之计划成，福煦为元帅，英法美各军咸隶焉。德军长驱直入之势，至阿米央斯西而止。连月追击敌人，后方辎重难继。故至四月之末，而英国战线之攻势中止。于是德军转换方向，以五月二十七日由兰司(Rheims)苏阿松(Soisson)而窥玛纳(The Marne)河，苏阿松陷于德军。德军由尧供纳(Jaulgonne)渡玛纳河而南，兰司方面之攻击，属之德皇太子军。法军坚守，卒未能下。时美军已临前敌，扼守的爱里堡(Chateau-Thierry)与尧供纳相距数里而已，以方锐之气，挫南下之德军。而七月十八日苏阿松之西之法军，反守为攻。德人仓皇无措，退至玛纳河北，自是以至战终，玛纳河方面无德人踪迹。而此方之攻势，又以无结果而止。如是所谓春间攻势者，倾全国之精锐，集俄国意大利方面之余力于此一隅以图必胜者，而其结果所得，徒牺牲德军六七十万人之生命，失大炮以数千计。而英法之联合自若焉，美军之军力自若焉，巴黎之可望不可接自若焉。自是而后，德人精疲力尽，遂无奈英法美何矣。福煦元帅窥其然也，既有七月十八日玛纳河之攻势开其先，又以八月八日阿米央斯之攻势继其后。德人不特无心反攻，并坚守阵线之力而亦无之。北自北海，东至浮尔登，英法军步步进逼，德人惟有以抵御为后退之计。盖仅图全军而退，他非所望矣。罗顿道夫战记，自谓八月八日为德国此次战史中之黑暗日，四年来百战之雄，忽焉垂头丧气，不知命在何时。与项王垓下之围，曹公赤壁之遁，如出一辙。当英法攻势发轫之日，德军大队人马，竟有向一二骑兵而乞降者，退却之兵至诅骂勇敢前进者为败坏和局为延长战事。（见罗氏书五百四十七页）盖军心全去，虽有坚甲利器无能为役矣。兹举八月以后战争大事如下：

八月十八日联军开始反攻。

二十二日英军占领阿尔勃（Albert）。

二十八日英军克拔伯姆（Bapanme）。

九月十二日美军占圣米希（St. Michel）。

十四日法军渡克劳柴运河（Crozalt Canal）。

十八日圣刚登附近之兴登堡线为联军所破。

二十九日蒲尔加里乞和。

三十日德首相赫德灵辞职。

十月一日法重入圣刚登城（St. Quentin）。

三日麦克司公爵为德首相。

六日德向美总统威尔逊要求休战。

九日英军入刚白兰城(Cambrai)。

十二日阿供纳森林(The Argonne Forest)美法联军前进。德军退却。

十七日英法军克李列城(Lille)。

二十七日罗顿道夫去职。

三十日土尔其休战条约签字。

三十一日奥大利总司令向意要求休战。

十一月一日英德军战于伐郎西(Valencieunes)。

同日奥京革命,奥皇离奥京。

二日基尔港德海军之变作。

三日奥休战约成。

七日法美军入善旦城(Sedan),是为千八百七十年拿破仑三世投降之地。

六日德休战使至福煦大本营。

七日巴扬革命。

八日德皇退位。

十一日德休战约成。

自八月以后之经过,而上溯之三月之末,则罗氏攻势战略,乃德国革命大关键焉。罗氏自谓与其旷日持久,而众寡之数日相悬绝。不如吾先发制人,或可侥幸于万一。然反对此论者,谓此六七十万人之兵力与数千大炮,用之于攻,不若用之于守。盖攻而不胜,则其一败涂地之影响,甚于守而不胜。且先进而后退者,其恶影响甚于不先进而退者。当三月之末,德军数年死守之功,犹彰彰在人耳目间。即令敌人来攻,其抵抗之力,必远过于奔驰数月疲敝不堪之攻势军。而退却之速,或不至如此之甚,则革命之成否未可知焉。所谓反对罗氏战略者,其言若是,其是非利害,不在本论范围之列。而要之自有此失败,战争之命运以定,德皇室之运命亦缘之以定矣。

所谓德皇室之运命者,当攻势军之作也。德政府为固结民心计,告之曰此最后之一击也。有此一击,则胜算若操券。外之流血之惨,内之饥馑之苦,皆可一旦豁除。而国民幸福从此无竭。与当宣布潜艇战争时,自谓三月内可以使英俯首乞和,当美宣战时,德政府自恃其力之强,谓意大利罗马尼先后加入,而彼无奈吾何,则万里外之美国又何足畏者。正出一辙也,乃事后所现,迥非所期。国民之失望,因之尤甚,大悟谋国者所为誓日指天者。无一非向壁虚构,陷国家于不可收拾而已。且此大败之结果,而及于同盟之影响,不可计极。德之同盟三,除奥外,曰土,曰蒲,皆羡德之威灵而先后继起者也。此三国何足与英法抗衡,其所以支持至数年之久者,则德之威信实为之,德之兵力财力实为之。一旦德于西战场稍有挫折,则三国之背盟弃信,乃意中事耳。果焉九月以降,三国相继乞和,德之手足剥夺以尽。虽欲勉强奋斗,亦不可得矣。呜呼!内而国民牺牲,外而国家地位一落千丈若是。稍有心者,谁不追原祸始,而求责任之所归乎?夫追原祸始而求责任所归,必曰主持国政不得其人之所致。再进而深求之,必曰此帝王专制,军阀擅权,民意不能实现,议会政治不能实行之所致也。环顾四境,俄以战败之故,而皇室倒矣,惟奥亦然。夫俄奥之所能,则德人何为而不若是,盖至是而国民不平之气,郁积于心,虽欲不发泄而不可得矣。

虽然,当日德国政党各派之心理如何乎,内外之形势如何乎,盖革故易,鼎新难。而大敌当前,更有不可不迟回审顾者,因此人人以改造为然,而苦于不敢昌言。若保守党则以拥护皇室大权为惟一要义,其不以改造国体为然无论矣。若国民自由党,虽有改进之心,然推翻君主,非所赞成。尤恐国体一变,政局纷扰,故知之而不敢主张之。若中央党则介于左右两者之间,常处于调停地位,所重在宗教,国体本非其所注意者也。其有改造国体之勇气而持之以毅力者,独社会民主党耳。虽然,同为社会民主党而派别又有二。其一派曰国体改造宜焉,然战事未了,假令国内有变,而前敌军心哗溃,则革命者乃开门揖盗耳。故改革之举,宜出于平和之行为,不可出于暴动。其又一派为独立社会民主党,始终以推翻皇室为事,于所谓革君主大权而采议会政治之折衷方法,向不屑措意。故所苦心焦思者,厥为运动海陆军队。以此方针之不同,乃各分道扬镳。甲则赞成议会政治,入麦克思内阁,以图潜移政权;乙则以运动军队为入手方法。基尔之变既作,各地闻风响应。盖十月以降,此两派一内一外,一刚一柔,始虽分途,而终归于一致。故谓德国革命之大业,乃此两派协力之结果可焉。

（五）革命之爆发

前敌军情大变矣,蒲奥土单独议和矣。国内民心餍闻胜利之说者,则大失望矣。至是而德皇苟无当机立断之方针,国且不国,遑论其他。军力既已不支,馒包与平和之呼号,盈于国中。故所应决者,则和乎战乎,此第一事也。既已言和,则无条件之投降乎?

抑有条件之议和乎？如曰有条件之议和，则议而不合，是否鼓国民最后之勇气而背城一战乎，此第二事也。此种和战大方针，听民意机关之解决乎，抑仍前此民意机关与军阀对抗之旧，而听其自相倾轧乎，此第三事也。德皇之所以解决此三事者，曰政党内阁，国民之所以解决此三事者，曰革命，二者相反而相成，试分论之。

（甲）麦克思公爵内阁

威廉二世平日以皇权神圣，受之自天之说，号于国民者也。大敌当前，人心已去，即欲求高拱无为，已非易事。于是独居深念，以为若保专制之皇权，则皇位必不可保，故不如割皇权之一部，授之国会，则五百年绵延不绝之霍亨荼伦皇统，或者可见谅于国人。当赫德灵氏既去，召巴顿邦下院议长以自由主义鸣于国中之麦克思公爵，任为首相。且与议会相约，提出修正宪法案凡二。一曰，首相须得议会之信任，为国务员者，可兼充帝国议会议员。此即政党内阁之实行也。二曰，凡议和宣战以及同盟之约，须经议会之同意，此所以表示民主政治之精神也。要之，此二者所以变更四年来世界所指摘之普鲁士军国主义，而求自全于今后者也。

十月三日麦克思公爵内阁成。仿英国之例，设战事内阁，以五人组织之。

　首相　麦克司公爵（Prince Max）

　不管部阁员　夏曼特（社会民主党）　　　　（Scheideman）

　　　　　　　爱智堡格（中央党）　　　　　　（Ergberger）

　　　　　　　虎司们（进步党）　　　　　　　（Hanssmann）

　副首相　卜依（自由党）　　　　　　　　　　（Von Payer）

至普通国务,外交总长为索尔夫(Solf)。为之次长者,则大维特氏(Dr. David)。社会民主党议员也。内务总长脱灵滂氏(Trimborn)。中央党议员也,帝国生计部总长包渥氏(Bauer),亦社会民主党议员也。(后为总理)如是所谓新内阁者,除极左之独立社会党,极右之保守派外,凡左派及中派之议员无不与焉,而尤可注意者,则为社会民主党议员之入阁。盖不入阁者,乃其数十年之党纲。今忽破成例,而列席阁员者,则宪法既已修正,国家存亡危急之顷,义固不得而辞焉。

麦公爵内阁之大政方针八,皆本社会民主党之主张也。

一、确守一九一七年七月交让精神之和议建议案。

二、赞成国际联盟。

三、比利时恢复其独立,且与以赔偿。

四、与俄罗两国所结和约,不妨害一般和约。

五、亚洛两州,改建自治联邦。

六、普鲁士施行普通选举法。

七、组织政党内阁,排除军阀政治。

八、变更戒严令条例,以保个人言论集会自由。

此八条中,前四条所以表示拒侵略主义之外交政策。后四条中若亚洛两州自治,若政党内阁,若普鲁士普通选举法,则数十年坚拒而不予者,今一旦见诸施行,故自德国内政上以观,虽谓为一种无血革命可焉。虽然,无血之革命发于上,而有血之革命已潜伏于下。何也? 时已晚矣,欲补救而不可得矣。昔武昌之难作,而十七条誓庙告天之文,无补于清室之亡。俄京之暴动起,国会重集之诏,曾不足以挽回俄皇室之覆亡。然则以威廉二世之祸已临头,乃始与民更始者，其独能免于浩劫矣乎。

麦克思氏内阁之第一方针，则为乞和于美。自五日至二十三日，德美两国间公文往复，不下五六次。而美总统千言万语，中有一至要之语曰，德国外交总长所云之宪法修正，虽属重要，然责任内阁之原则，尚未完全实现（中略）

德国国民尚无能力使其军阀隶于民意之下。故主持大政之权，仍在普鲁士王之掌握中。（中略）

美国不能信任向日之德国主权者。除德国民之真正代表外，不愿与之交涉。（中略）威氏之言，果何意乎？质言之，德皇非退位不可，军阀非免职不可。再质言之，则革君主而为共和是矣。自有威氏此项要求，国内之急进派，益有所借口，大声疾呼以告国人曰，欲议和非去皇室不可。欲去皇室，非革命不可。故二十三日（十月）国会席上，独立社会民主党首领哈实氏明目张胆而言曰，方今旧帝国尽倒矣，皇冠若尘埃之堆积街衢矣。吾德国乃独令大皇冠（德皇）小皇冠（各邦君主）充斥境内乎？如是，外迫于美总统之要求，内则国民咸怀不平，德人虽爱皇室，其忍牺牲一国以殉一姓乎？自是麦克思内阁所欲以政党内阁与议和二大方针，图保全皇室者，归于失败。然麦氏之成功别有所在，则与军阀为最后之奋斗是也。二十三日威总统之覆文既至，除德皇退位问题外，有退出占领地，停止潜艇作战，德军须受协商军监督，处于无战斗力之地位等条件。于是德皇召集军事内阁会议，兴登堡元帅与罗顿道夫参谋次长发言曰："若此条件，吾宁死战，不愿认受焉。岂惟吾军人，凡为国民者皆当若此矣。"于是对于和战之方针裂为二。内阁派曰，除屈服外殆无他法。军人派曰，竭吾兵力，誓死一战，则胜负之数未可知焉，即令败矣，则生而辱，不如死焉。罗氏坚持其主张，且以此意通电各军军长，于是麦克思氏告德皇曰："奥蒲既乞和，协商军已在多恼河上，西战区德军即能抵御，有何用处？且此等死战通电，内阁之大权也。事先既未商量内阁，乃发此等军令，则责任内阁之谓何？政权集中于民意机关之谓何？吾惟有去而已矣。"德皇不得已，乃免四年来大权独揽之罗氏之职。自是以降，政出多门之弊革，而威氏文中所谓以军阀隶民政下之目的始达。吾故谓麦克思内阁为议会政治与军阀政治之试金石，且旧王室与革命政府之承转机关也。

（乙）基尔港海军之变及巴扬革命

武昌之难作，而清室亡，非武昌之足以亡清室也。一武昌起，而盈天下皆武昌也。若是乎德之革命有类于武昌者乎？曰有，是为基尔海军之变，有一基尔，而遍德国南北皆基尔矣。

十月之末，德美往复磋商休战时也，基尔港海军舰队奉令出航，其出航之目的，或曰保卫比海岸，使比境退守之德军，多一重保障；或曰德军舰之交出为休战条件之一，德人早及见之，与其生降，不如拼死一战之为轰轰烈烈。此二说中吾以为后说为近。何也。拼死一战。与春间攻势战略。同出一义也。三十日夜各舰奉令后。水手联合全体抗拒，曰明知力不敌而战，是以吾侪为殉也，吾侪勿为也，舰长以报舰队长，舰队长具报总司令。延期至再，至次日晨八时，而水手之坚拒自若。于是逮捕为首者千人，运之至白兰门港（Bremenhafen）。水手全体为同胞鸣不平，集议于劳动组合，海军司令阻之，盖犹以寻常兵卒抗令视之，初不知其有政治意味也。十一月三日水手二万人为示威运动于街衢中，兵官中有开枪击之者，水手开枪还击，自是双方决裂，对垒之形势成。盖兵卒不倒旧政府，则旧政府必处兵卒于死地矣。于是设兵卒会议（是为德国兵工会议之始）据军火库而有之。此二万人各持红旗，赴水手拘囚所，释其被拘同胞。政府遣步队弹压，而步队立道旁，呼万岁，以水手为同气。市中劳动组合，表同情于水手。决议自五日始，除饮食品，一概罢工，自是兵与工合而为一。方水手之变初作也，愤其同胞之被拘，初非有确定大计也。自四日社会民主党议员纳司克氏（Noske）（后为国防总长）奉政府令至基尔，海军水手八万人之推之为首领。纳氏演说曰："昨日何日乎？德国历史永久纪念日也。政权之入于兵工之手，以此日为始。吾侪义无返顾，惟有猛厉前进，以尽吾侪之大任而已。"纳氏演说毕，高呼社会民主共和国万岁而散。自是以降，基尔全市入于兵工会之手，而首领则纳司克氏也。

闻基尔之变，北方各市起而响应者，有罗培克，有汉堡。罗培克港中各舰水手以是月五日占领全市，设兵工会议，发布宣言书，以要求废止军阀独裁政治为目的。同日汉堡由独立社会党领袖狄德门氏（一九一八年正月以柏林罢工之案判决监禁五年麦氏内阁成始释出后为人民委员）召集兵工会议，决议赞成基尔市之兵工联合，且以全力拥护基尔市之条件云云。

语曰星星之火，可以燎原。以基尔之变，忽由北海蔓延而至波罗的海上。（汉堡在波罗的海上）则平日之浸润自由空气，如南德意志者，其不甘让人独着先鞭明矣，距基尔之变凡五日而巴扬革命起。

八日午后社会民主党党员及劳动组合大会于明勋,(巴扬京城)到会者十万人,议决提出要求七条,其至要者二。一曰改建巴扬共和国,二曰德皇及皇太子退位。会议终后,军人执红旗游行街市,劫兵士监狱,释之而出,且分占各公共机关。就下议院设兵工农会议,翌日晨以兵工农会议会长社会民主党领袖爱司纳尔氏(Kurt Eisner 巴扬总统遇刺而死)名义,布告巴扬共和国之成立。巴扬陆军及警察宣言服从共和政府命令,七日民变之夜,巴王方携其王女,游市中公园,及闻变,乃率其王族,仓皇由间道离明勋,且布告退位焉。

自基尔、罗培克、汉堡、巴扬变故观之,则兵工打成一片。故革命之举,不啻如反掌,政府即遣兵平乱,而所遣之兵,直为虎附翼。盖人民之积愤于君主,可以想见。呜呼!天下大势如此,威廉二世其能独免乎。

(丙)德皇逊位及柏林之变

欧洲历史之成例,凡主战之君主,终必见摈于人,拿破仑一世三世是其证也。今日之战,其惨酷远在法国革命之战与夫普法战争之上,威廉二世之不得安然无恙,识者早见及之。自有威总统答覆之文,协商国之要求,公然形诸笔墨,而各方之兵变又继之,则威廉二世其见几而作乎,抑必待至穷无复之之日而后去乎。

德国舆论,除保守党及军阀外,对于德皇去位,所见大略相同。所不同者,甲曰威廉二世虽去,而皇位不可不保存。乙曰,威廉二世既去,则国体随之。前者自由党及其他稳健派主张之,后者则社会民主党主张之。社会民主党虽厕身政府,然于共和主义则坚持如故也。基尔之变作，夏特曼氏率先提退位之说于阁议中，德皇闻之，离柏林而至斯白，大本营在焉。麦内阁迫于夏氏之请，遣内务总长特鲁氏赴斯白，告德皇不及早退位者，恐柏林民变，旦夕可作。夏氏所以为此，以时方商议休战，万一同室操戈。则国内大乱，而对外益不可收拾。故夏氏所求者共和，与独立派同也。然夏氏以为苟可不流血而得之者，尤为国家之幸，此其与独立派异者也。

特鲁氏归自大本营，德皇告以恐朕一旦去，军心瓦解，时则距夏氏初提此议之日已数日矣。社会民主党知平和揖让之不可期，乃于七日开干部大会，提出要求五条于政府：一曰，撤销禁止结社之令；二曰，警察及陆军不得干涉一切行动；三曰，普鲁士政府以社会民主党多数组织之；四曰，帝国政府应再加入社会民主党人员；五曰，限八日午时德皇及皇太子逊位。此五条中有一不履行者，则社会民主党阁员全体出阁。所谓出阁者，非寻常之辞职也，率同党党员以倒皇室而已。时该党阁员方以休战条约旦夕签字，本欲勉留数日以竟此事，而民情愤激，不容其一日居政府者，于是夏特曼氏率其同党阁员以八日辞职。各方军队已与该党为一致行动，又与独立社会党言归于好，共同组织兵工会议，决议柏林全体罢工。

柏林民变迫于眉睫若是，德皇恋恋皇位之心，犹未已焉。九日午前在大本营中召集军官会议，列席为每师代表五人或六人，询之曰：君等忠诚素著，今革命之祸已迫，亦有为皇室效死者乎？各代表异口同声答曰：杀敌之举，不敢有异辞。若驱吾侪以杀同胞，死不从命。德皇闻言，自知大事已去，无可挽回。是日午后三时而退位之文发表矣。

文曰：

> 德皇兼普鲁士王已决定退位，皇太子亦放弃其皇位继承权，首相麦氏暂留任，以俟摄政问题之解决。（十一月九日麦内阁对于国体尚不敢决定为共和）爱勃脱继任首相，国体俟召集国民会议解决。

德皇既退位，侍从武官劝之出奔，德皇曰君等劝予行，奈余不欲行何。余苟得忠勇队伍二百人，则余留斯白不他去矣。及傍晚忽有来告者，谓德军过激派已至海尔白峡，将攻斯白。夜十时辛孳氏强皇卧宿车中，至晨五时乃向荷兰去矣。自是五百年之霍亨荼伦皇统遂绝。

旧皇室倒，麦公爵去职，推爱勃脱（Ebert）为临时首相。爱氏乃与独立派协商，共同组织政府。号人民委员，仿俄例也。自是入于共和政府时代。

呜呼！社会民主党之目的，至是完全达到，以其年月计之，则五十余年于兹矣。政党之百折不回若是，可师焉矣。抑就其近者言之，独立派勇往前进，作秘密运动之先锋。及其成熟，有纳司克氏爱司纳氏唱导于德之南北，而夏特曼氏复主持于中枢，终则以同盟罢工为后殿，此吾所以谓德国革命乃社会民主党之事业也，乃同一党而刚柔两派协力之结果也。

（六）新共和政治之建设

吾尝言之，革故易，鼎新难，言革命后建设之不易也。吾见夫吾国矣,政体忽共和忽君主矣,国会忽召集忽解散矣。吾又见夫两年来之俄罗斯矣,忽而中产阶级之政府矣,忽而军阀之反动矣,忽而过激派政府矣。国本之不易定若此,则德国共和之建设,其一帆风顺乎?其险阻备尝乎?所当研究焉。兹举其政府更迭之数而略论之。

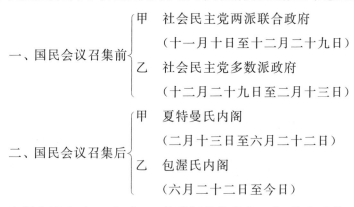

一、国民会议召集前

甲　社会民主党两派联合政府
（十一月十日至十二月二十九日）
乙　社会民主党多数派政府
（十二月二十九日至二月十三日）

二、国民会议召集后

甲　夏特曼氏内阁
（二月十三日至六月二十二日）
乙　包渥氏内阁
（六月二十二日至今日）

内阁之更迭,仅四次而已。然其间往往危机一发,几陷政体于动摇者有之矣。其所以幸而免者,则国民智识道德之健全实为之焉。吾之所谓危机者三;德之革命,继俄过激派政府之后。故德革命告成之日,即为过激主义极盛之时。德国各党中代表此主义者有二,一曰独立社会民主党,一曰斯巴达几派,又名公产主义派。此两派所主张者,条目甚多。而其要点所在,一曰以劳动阶级组织政府,而其他阶级不与焉;二曰以兵工会议为立法机关,而国民会议暂不必召集焉;三曰在短期之内,以政府权力没收私有财产,以扫除资本阶级。此两派主张本与社会民主党多数派不相容,然多数派鉴于俄国克伦司几氏为蓝宁所推翻之覆辙,故岌岌与之联络,使独立派不至以立于政府外而走于极端,抑以独立派与多数派而同室操戈,则外之为敌人所乘,内之为保守派所快心。故当爱勃脱氏组织第一临时政府之日,其第一方针,则汲引独立派而使之入阁。此两派交涉情形,详其往复商榷之函牍,此函牍乃后来政潮之所伏也,故录之如下。

十一月九日社会民主党覆独立社会民主党之函

来示所要求各条,答复如下:

第一,德国当为社会共和国。此条本为吾党政纲,惟决定之权,属之国民所选之国民会议。

第二,共和国内全部行政立法司法权,专属于兵工两项人民所选之代表。此条文,意在以一阶级行独裁政治,乏多数人民为后盾,是与民主原则相背,故不能承认。

第三,政府中中产阶级人员,一概摈除。此条实行之后,有妨民食,故不能承认。

第四,独立派之加入政府,以三日为限。一俟休战条约签字,即行退出。吾党以为社会党各派应互相协力,即令有限期,应以国民会议召集之日为止。

第五,各部总长只作为主持大政之内阁之技术补助人员,对于本条彼此同意。

第六,独立派与多数派两领袖立于同等地位,一切阁员立于同等地位。究竟总理与阁员之关系如何,俟国民会议决定。

同日独立社会民主党之覆书。

独立社会民主党为确保革命之结果计,愿以以下条件,加入政府。

内阁但以社会民主党人员组织之。阁员称曰人民委员,彼此立于平等地位。

上项限制，不适用于专管部务之总长，此类总长作为主持大政内阁之技术补助人员。此类总长之侧，应由社会民主党之两派各派一人以监督之。两人权利相等。

内阁内两派中各派三人，独立社会党在职之期不附以限期。

政治权属于兵工会议之手。此项会议应从速召集之。

国民会议召集与否，应俟革命所生状态巩固后，付之日后讨论。

以上各条，本诸贫民一体团结之意。如荷赞同，则本派已派定哈实氏、狄德门氏、拔德氏、为阁员。

自以上两函观之，独立派曰惟劳动阶级得组织政府，多数派则反对之。独立派曰一切大权属诸兵工会议，而多数派则急谋国民会议之召集。简言之，独立派欲以一阶级把持一切，而多数派欲以国会与全国人民共之。此其精神之异同处也。时多数派以国纲解纽，稍一不慎，则无政府之局，可以立见。于是承认其条件，而有六人之人民委员（原有阁员留任）政府，独立派方面为哈实氏（Haase）、狄德门氏（Dittman）、拔德氏（Barth）。多数派方面为爱勃脱氏、夏特曼氏、兰司堡氏（Landsberg），此即第一次内阁也。两派合并未久，十二月二十九日后，独立派出阁，则为多数派独力组织之内阁。盖独立派处政府之中，多祖护公产党之举，不见容于同僚，并不见容于其所主张召集之兵工会议也。两派之合，虽不过二月。然此二月间，休战条约签字矣。前敌各军退伍矣，赞成多数派之兵工会议已成立矣,国民会议之召集决定矣。故内阁虽更,而政局不生大变。抑其为之中坚者,始终不离多数派。(四内阁均以多数派为中坚)故政策上无反动,视俄之忽由罗孚夫(第一任总理)而克伦司几而蓝宁者,其相去不可以道里计矣。俄以内阁激烈之反动,而结果如是,则德内阁之不反动者,其良影响可以想见,吾所谓危机者,此其一也。

　　六人人民委员之政府成,其与之对待者,曰柏林兵工会议。二者之关系,犹行政部之与立法会议也。柏林兵工会议,限于柏林一隅之劳动者及军队,其后令全国兵工各举代表,故至十二月十六日有全德国兵工会议之成立,当斯时也。社会民主党对于立法机关之主张分为二,独立派曰:所贵乎革命者,为保持劳动者之利益也。若此时而召集国民会议,则其他阶级得参与立法,而劳动阶级之主张,反不得通过。故国民会议之召集,应待之一切社会主义之政纲实行以后,则虽有其他阶级之参与而不为害矣。或者有云:革命事业虽成,然非有国法上之根据,则所谓政府者犹是强权而已。不知革命后之政府,当然有改造一切之权利,无待国民会议予以批准也。虽然多数派反对之曰:兵工会议,乃一部分之民意,非全国之民意也。吾社会民主党,主张普通选举法,意在求完全之民意而已。奈何以社会民主党自身而为此剥夺人民选举权之举,且俄之往事,昭然共见。彼以强行兵工会议之故,致陷全国于纷乱。吾而学步俄国,则协商国永不承认吾政府,而平和之目的,何由而达。且国家根本大法,急待颁行。若长此兵工会议之制,则政府施政全无法律根据,而各邦有不满于柏林政府者,或且激而生变。故自对内对外言之,召集国民会议,实为第一要事,而不容一日缓者也。

吾以二语概括两方之主张：兵工会议（Rätesystem）也，独裁政治也（Dictatorship）。

独立派之主张也，法治国家（Rechtsstaat）也，民主主义也，多数派之主张也。十一月中柏林兵工会议中，多数主张缓开国民会议，先召集全国兵工大会议，由兵工大会议起草宪法，以待日后召集之国民会议之议决。爱勃脱迫于众议，表示同意。是时俄国苏维埃之局，几实现于德。而多数派之法治主义，殆归失败矣。于是政府为挽救计。以联邦统一为名，召集各邦代表会议（十一月二十五日）。各代表久厕身政局，非兵工会议一时突起之比，故一致赞成国民会议之召集。抑革命后一月以还，公产党横行柏林，以暴力压迫政府，或强夺报馆，骚然不宁，民怨四起。于是舆论大变，咸趋于国民会议及早召集之说。十二月十九日全国兵工大会中，多数派提出国民会议及早选举之说，以大多数通过，哈实反对之，而无如之何焉。独立派之人民委员，以其主张不行，旋即去职。公产党则以失败于国民会议之主张，自知非言论所可收功。于是有正月之变（五日至十二日），以暴动反对政府，妨害选举。柏林政府借重兵弹压，其领袖黎氏因此被逮死焉。自是选举乃得举行，而国民会议以成。此一问题乎，不徒治乱系焉，乃德俄现状之所由判焉。吾所谓危机者此其二也。

正月之变方终，而三月之变又起。正月之变，为国民会议之召集。三月之变，为宪法会议也。盖德之革命党，浸润于俄国苏维埃之学说者，已非一日。其欲以苏维埃代立法会议者，自革命之始而已然矣。乃国民会议中，政府所提宪法草案，无一字及于苏维埃，即总理爱勃脱之开会演说，亦并无一字及之。社会民主党多数派中有论及之者,视为一种劳动组合,初不欲以政治权力赋予之也。柏林兵工会议闻而大怒,开会决议曰:兵工会议为革命之主动,今威马(国民会议开会地)之国民会议,对于此会议,一字不提,无非以种种方法,阳抗而阴消之而已。故本会议要求全国兵工会议,一致反对之云云,是为干涉宪法会议之第一步。二月之末,巴扬共和政府为兵工会议所推翻,公产党势力布满国中。有倡断绝交通,使威马国民会议陷于绝地者,于是政府与国民会议立于四面楚歌中,大声疾呼曰:政府与国民会议之大任,在确定吾共和国于民主基础之上,一部分人不满于此国民自由选举之会议者,必欲推翻之而后已。则吾侪敢明告国人,议宪乃国民会议之权,非外人所得而干涉。有以强力相加者,惟有按法严惩云云。其后兵工会决议全国大罢工,而宪法会议依然进行。然居今日读两方言论,则威马国民会议之地位,其不同于吾宪法会议受袁世凯受督军团之干涉者几希矣,其不至步俄宪法会议之后者亦几希矣。此吾所谓危机者三也。

内阁也,国会也,宪法也,皆共和建设之大本也。吾以不能保持此大本之故,纷纷扰扰。以迄今日,德惟保持此大本,故新共和政府能以一贯之精神,从事于建设之业。今宪法已公布矣,正式内阁已成立矣,循政治之常轨,以更造其政府。虽有政潮,而决无所谓政体之反覆矣。抑彼之所以能此,而吾所以不能者,其原因果安在欤?曰革命之后所以多故者,有起于右党之反动者,则保守派之势力为盛,如吾十年来之状态是也。有起于左党之反动者,则过激主义之势力为盛,如俄是也。德之独立社会党与公产党,其声势非不赫赫。然其主张与德人之守纪律爱秩序者不相容,故蓝宁能挟兵工会议以倒克伦司儿,而哈实氏之在政府中,反遭柏林兵工会议之排斥。岂蓝宁之幸而哈实之不幸哉?夫亦曰国民智识道德之健全与否为之耳。德革命告成之日,兴登堡元帅率先各军人,以服从共和政府,且从容镇静,主持退伍要政。直至和约签字之日,始告退隐。即其旧军人中非无不满意于兵工会议,视为纪律荡然者,然大抵相见以诚,决无拥兵自卫,以潜图反抗者。今且共和军之编制,已告成功。旧军阀已扫地尽矣。此岂德军人之不幸而吾军人之幸哉?夫亦国民道德智识之健全与否为之耳。呜呼!吾言及此,吾乃知国家治乱盛衰之自有至理,初非可侥幸而致焉。吾国民之思救既往以开将来者,其亦知所从事矣乎。

附德国国民议会议员党派表

一、德意志国性民党(即昔之保守党及自由党之一部)(Deutschnationale Volkspartei) 四十二人

二、德意志民党(即旧自由党之中派)(Deutsche Volkspartei) 二十一人

三、耶稣主义民党(即旧中央党)(Christliche Volkspartei) 八十八人

四、德意志民主党(即旧进步党)(Deutsche demokratische Partei) 七十五人

五、社会民主党(Sozial demokratische Partei) 百六十三人

六、独立社会民主党(Unabhängige Sozial-demokratische Partei) 二十二人

七、其他小团体 十人

总计 四百二十一人

附宪法成立后第一届宗国议会议员党派表

一、德意志国性民党　　　　　　　　　　　六十二人

　　（所得票数三、七三六、七七八）

二、德意志民党　　　　　　　　　　　　　六十二人

　　（所得票数三、六〇六、三〇六）

三、耶稣主义民党　　　　　　　　　　　　六十八人

　　（所得票数三、五四〇、八三〇）

四、德意志民主党　　　　　　　　　　　　四十五人

　　（所得票数二、二〇二、三三四）

五、社会民主党　　　　　　　　　　　　　百十二人

　　（所得票数五、六一四、四五六）

六、独立社会民主党　　　　　　　　　　　八十一人

　　（所数得票数四、八九五、三一七）

七、公产党　　　　　　　　　　　　　　　　二人

　　（所得票数四四一、九九五）

八、巴扬民党　　　　　　　　　　　　　二十一人

　　（所得票数一、二三六、九四一）

九、德意志汉纳浮党　　　　　　　　　　　　五人

　　（所得票数三一九、一〇〇）

总计议员　　　　　　　　　　　　　四百六十六人

　　（所投票数二六、〇一七、五九〇票）

图书在版编目(CIP)数据

魏玛宪法/张君劢译. —北京:商务印书馆,2020
ISBN 978 - 7 - 100 - 18523 - 3

Ⅰ.①魏…　Ⅱ.①张…　Ⅲ.①宪法－研究－德
国－1919－1933　Ⅳ.①D951.61

中国版本图书馆 CIP 数据核字(2020)第 087721 号

魏玛宪法
张君劢　译

商　务　印　书　馆　出　版
(北京王府井大街 36 号　邮政编码 100710)
商　务　印　书　馆　发　行
北京市十月印刷有限公司印刷
ISBN 978 - 7 - 100 - 18523 - 3

2020 年 8 月第 1 版　　　　开本 850×1168　1/32
2020 年 8 月北京第 1 次印刷　　印张 6⅛
定价:45.00 元